KB064344

대한민국 수석교사 8인의
창의성을 키우는 논술학습법

대한민국 수석교사 8인의

창의성을 키우는 논술학습법

초판 1쇄 인쇄 2014년 10월 08일
초판 1쇄 발행 2014년 10월 15일

지은이	이도희·김장환·안효숙·이서영·정재원·최 운·한경숙·황선영		
펴낸이	손 형 국		
펴낸곳	(주)북랩		
편집인	선일영	편집	이소현, 김아름, 이탄석
디자인	이현수, 신혜림, 김루리, 추윤정	제작	박기성, 황동현, 구성우
마케팅	김회란, 이희정		
출판등록	2004. 12. 1(제2012-000051호)		
주소	서울시 금천구 가산디지털 1로 168, 우림라이온스밸리 B동 B113, 114호		
홈페이지	www.book.co.kr		
전화번호	(02)2026-5777	팩스	(02)2026-5747

ISBN	979-11-5585-356-6 43370(종이책)
	979-11-5585-357-3 45370(전자책)

이 책의 판권은 지은이와 (주)북랩에 있습니다.
내용의 일부와 전부를 무단 전재하거나 복제를 금합니다.

이 도서의 국립중앙도서관 출판예정도서목록(CIP)은 서지정보유통지원시스템 홈페이지(http://seoji.nl.go.kr)와
국가자료공동목록시스템(http://www.nl.go.kr/kolisnet)에서 이용하실 수 있습니다.
(CIP제어번호 : 2014028947)

대한민국 수석교사 8인의

창의성을 키우는 논술학습법

이도희·김장환·안효숙·이서영·정재원·최운·한경숙·황선영 지음

북랩 book Lab

들어가는 글

함박눈이 내리던 하얀 겨울을 기억합니다. 대한민국 수석교사 8인은 논술학습에 대해서 의기투합하였습니다. 그것도 일반적인 논술학습이 아닌 '창의성을 키우는 논술학습'을 꿈꿨습니다. 2014년 1월 수석교사 자격연수에서 교육 관심사를 논의하면서 우리는 미래의 인연을 생각했습니다. 수석교사로서의 자부심, 교육 전문가로서의 자부심, 그것이 우리 인연이었습니다. 대한민국 수석교사 이도희, 김장환, 안효숙, 이서영, 정재원, 최운, 한경숙, 황선영의 뜨거운 열정을 담아 한 권의 책으로 펴냅니다.

이 책은 초등학교 학생, 중학교 학생들의 창의성을 키우기 위한 논술학습용으로 기획되었습니다. 초·중등교사, 학부모들이 학생들, 자녀들을 위해 교재로 활용하여 가르칠 수 있고 창의적인 시각을 키워 줄 수 있도록 집필했습니다. 논리적인 글쓰기에 재미를 줍니다. 공동 저자인 대한민국 수석교사 8인이 자신 있게 추천합니다.

목차

창의적인 논술의 필요성

1. 초등, 중등에서 창의적인 논술학습이 필요하다 • 14

왜 창의성 교육을 초·중등교육에서 외치는가. 바로 창의성 교육이 시대적인 화두이기 때문이다. 지식정보화 사회의 진전으로 미래 사회의 일자리 창출은 다양화되고 있다. 또한 오늘날은 글로벌 시대를 적극적으로 리드할 창의, 실용적인 인재를 요구한다. 초·중등교육에서 창의성에 바탕을 둔 논술학습이 필요한 이유다.

2. 논술은 모든 교과의 수업, 평가의 방식이 돼야 한다 • 23

초·중등학교에서 논술형 평가는 일반화가 되고 있으나 수업과의 연계성에 많은 문제점을 갖고 있다. 자신의 교과 수업에서 적용할 논술의 형태는 다양하지만 초·중등학생들에게는 '놀이+학습'의 형태가 되면 좋다. 고차원적으로 말하면 놀이도 아니고 학습도 아닌 무경계의 수업의 형태가 된다. 그럴 때 논술 평가에서도 창의성은 발휘될 것이다.

3. 창의적인 논술을 잘 하려면 다양한 관점을 지녀야 한다 • 34

우리들이 상황과 대상에 대해 생각하는 기준은 무엇인가. 아마도 상식적 차원이 기준이 될 것이다. 그런 결과로 우리들은 누구나 예측 가능한 결과물을 만들어낸다. 그 결과물은 쓰임새가 상식적이어서 진정한 창조물이라 할 수 없을 것이다. 그렇다면 우리들에게 필요한 것은 무엇인가. 바로 사물에 대한 스펙트럼식의 관점(사고)이 필요하다.

창의적인 논술형 평가의 방법

1. 논술형 평가는 창의성을 바탕으로 평가돼야 한다 • 46

요즘 초·중등학교에서는 논술형 평가를 한다. 그러나 교과 수업이 논술형으로 바뀔 때 학생들은 창의적 사고를 하게 되고, 그것을 논술형으로 평가할 때 창의력이 신장된다는 점이다. 그런 점에서 초·중등학교에서 논술형 평가는 논술형으로 수업을 진행했을 때를 전제로 해야 올바른 논술형 평가가 된다. 논술은 창의성의 평가가 본령이다.

2. 창의성을 평가하는 논제는 이렇게 출제, 평가해야 한다 • 52

논술에서 창의성의 요소는 초·중등학생들의 개방성, 민감성, 집착성, 거부성 등이다. 또한 호기심, 자발성, 독자성, 변화성, 도전성도 거론된다. 창의성을 일으키기 위한 조건으로는 개방적, 허용적 분위기 조성, 다양한 창의적 기법의 활용 가능 내용, 영역 지식과 일반 지식의 통합과 융합, 학생들의 수준, 흥미, 삶의 경험을 고려한 내용이다.

3. 논술형 평가의 컨설팅은
창의성에 바탕을 두고 이루어져야 한다 • 58

논술 문항을 출제하는 근본적 이유가 학생들의 창의적 사고를 평가하는 것이기에 학생들의 수준에 적합한 문항을 출제해야 한다. 또한 논술형 문항이 다른 교과나 학생의 개인적, 사회적 삶에서 긍정적으로 계속 적용 및 활용, 유지될 수 있도록 창의성을 바탕으로 출제해야 한다. 그런 점에서 평가 컨설팅의 방향도 창의성에 바탕을 두고 이루어져야 한다.

Ⅲ

창의적인 논술 사고의 방법

을 보고 나름대로 생각을 연결할 수는 있지만, 대상의 속성을 통한 사고의 연결은 어려워한다. 창의적 사고에 익숙하지 않기 때문이다. 대상들의 속성을 관련시키는 사고는 창의적 사고와 맥이 닿아 있다.

5. 예술 작품에서 여백의 미에 의미를 부여하라 • 86

학생들에게 '미남은 누구인가'라는 질문을 던져본다. 학생들은 십중팔구 매스컴을 통해 이름이 알려진 연예인을 지목한다. 물론 맞는 말이다. 그러나 아쉽게도 그렇지 못한 연예인에게서 독특한 이미지를 발견해내는 학생은 거의 없다. 대부분의 학생들에게는 미美를 바라보는 고정된 가치관만이 존재할 뿐이다.

6. 대상과 상황을 자신의 관점으로 재해석하자 • 89

'주어진 자료나 정보를 자신의 관점으로 재해석하여 읽어내야 한다.' 이것이 통합논술을 치르는 모든 학생들에게 던져진 화두다. 대부분의 학생들은 주어진 대상이나 의견을 그대로 받아들인다. TV 드라마의 경우만 보더라도 그 줄거리를 그대로 쫓아간다. 드라마 제작자의 의도에 충실히 순응하는 셈이다.

7. 만성적인 인간 중심적 사고를 버려야 한다 • 92

우리는 인간을 만물의 영장이라고 생각한다. 그 결과로 인간 중심적인 사고를 키워왔다. 인간에 의해 농촌의 해충이 사라진 것이 대표적인 예다. 해충은 인간이 필요로 하는 농작물에 해를 끼치기에 오로지 없어져야 할 대상으로 본 것이다. 인간 중심이 모든 평가의 잣대다.

8. 대상, 상황 간의 통합적 사고를 지녀야 한다 • 95

대부분의 학생은 자신의 적성을 바탕으로 진로를 선택한다. 국어를 좋아하기에 국문학과에 간다는 식이다. 틀린 말은 아니다. 상식적으로 당연하다. 주변에서는 '법대는 냉철하고 논리적인 사람이 들어가야 적성에 맞아 보람을 느낀다'는 말을 많이 한다. 역시 틀린 말이 아니다. 그런데 우리가 이런 말에 식상함을 느끼는 것은 왜일까?

13. 창의적인 논술 답안이란 무엇인가 • 110

자, 손가락 다섯 개를 펼쳐보자. 그 중 가장 깨끗한 손가락을 제시하고 그 근거를 대보자. 이 질문에 대부분 사람들은 네 번째 손가락을 제시한다. 반지를 꼈기 때문에 깨끗하다는 논거도 제시한다. 물론 틀린 말은 아니다. 그러나 창의성이 보이지 않는다. 이렇게 말해보면 어떨까? "네 번째 손가락이 가장 깨끗합니다."

14. 창의적인 주장과 논거는 무엇인가? • 114

학생들은 주장은 잘한다. 논술 수업시간에 어떤 학생의 주장은 당당하고 단호하기까지 한다. 그러나 주장을 뒷받침하는 논거의 제시는 미흡하다. 과정보다 결과만 생각해 말했기 때문일까? 필자가 생각해보기에 습관의 문제라고 본다. 평소 생각을 '주장+이유+상술+예시'의 형식으로 하면 좋다. 이것을 줄이면 '주장과 논거'만 남는다.

15. 논술 답안을 단순, 즐겁게 제시하라 • 117

복잡한 시대를 살아가는 지혜는 무엇일까? 신상품을 구매하는 것, 스포츠에 열광하는 것, 또는 자연에 은거하는 것 등 여러 답변이 가능하다. 상식적으로 무리가 없으나 창의적인 대안은 되지 못한다. 신상품의 구매나 스포츠에의 열광은 복잡한 현대에서 순간적인 도피에 지나지 않기 때문이다.

16. 때론 논술답안 작성법도 변하게 하라 • 120

흔히 사람들은 규칙을 지켜야 할 대상으로 인식한다. 창의력이 생명인 논술에서도 마찬가지다. 특히 논술답안 작성의 형식에서 규칙의 신봉은 두드러진다. 학생 답안을 평가하다 보면 거의 예외 없이 확인되는 게 있다. 대부분의 학생들은 1000자 내외의 비교적 짧은 답안에서도 '서론, 본론, 결론'을 다 갖추려 한다는 점이다.

17. 창의적 사고, 100% 영원한 악인은 없다 • 124

'악한 인간'을 대하는 성숙한 시민의식이란 무엇일까? 그것은 악인이 저지른 부정적 결과에 대해서는 단호한 법 집행이 필요하지만 그 결과를 일으키게 한 과정만큼은 다양한 관점에서 접근할 필요가 있다고 생각하는 것이다. 개인이 한 사회에서 갖는 '책임의식'도 그중 하나다.

Ⅳ

창의성을 키우는 논술학습의 실제

[1단계] 창의적인 논술학습의 실제는 주로 초등학생 1~3학년들에게 해당된다. 초등학생들이 일상생활에서 익숙한 상황이나 장면을 접하지만 상식적인 관점으로 특별한 의미를 부여하지 않은 것을 주로 논술학습의 대상으로 삼았다. 일상생활의 대상과 상황에 대한 창의적 사고를 해봄으로써 다른 삶의 가치를 생각하도록 했기 때문이다.

[2단계] 창의적인 논술학습의 실제는 주로 초등학생 4~6학년, 중학생들에게 해당된다. 초등, 중학생들이 상식적인 사고 외에도 창의적 사고의 중요성을 인식하고 자신만의 관점으로 창의적인 논술을 해 보는 사례이다. 특히 제시문이 흥미를 유발시키고, 열린 논술형 문제이기에 자신의 생각을 자유롭게 서술할 수 있다.

[3단계] 창의적인 논술학습의 실제는 [2단계]와 같이 초등학생 4~6학년, 중학생들에게 해당된다. 그동안의 [1, 2단계]는 학생들이 일상생활의 상황과 대상을 주로 논술문제로 삼았다면, [3단계]에서는 그 범위를 넓혀서 학생들이 창의적인 사고를 신장시키도록 구성되었다. 또한 융합의 논술형 문제도 있어 창의적인 사고에 큰 도움이 될 것이다.

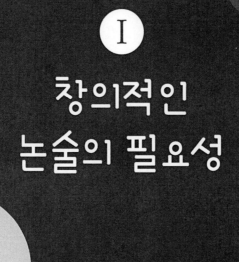

I

창의적인
논술의 필요성

1. 초등, 중등에서 창의적인 논술학습이 필요하다

창의성이란 무엇인가. 왜 창의성 교육을 초·중등학교에서 외치는가. 바로 창의성 교육이 시대적인 화두가 됐기 때문이다. 지식정보화 사회의 진전으로 미래 사회의 일자리 창출은 다양화되고 있다. 학생들의 적성, 재능, 특성에 따라 창의성을 신장시키면 학문적인 연구 활동의 뛰어난 업적과 다양한 일자리 창출이 가능하다. 또한 오늘날은 글로벌 시대를 적극적으로 리드할 수 있는 창의, 실용적인 인재를 요구하고 있다. 그런 점에서 초·중등 교육에서 창의성에 바탕을 둔 논술학습이 필요하다. 논술은 모든 교과의 도구과목으로 존재한다. 대학이나 사회에서도 논술을 능력의 평가기준으로 제시한다. 논술의 중요성을 말해주는 부분이다. 그런 점에서 학교의 초·중등 교육에서 학생들의 창의성 교육에 관심을 많이 가져야 한다. 다른 이유도 많지만 초등은 학생들이 창의성을 익힐 수 있는 가변성이 충분한 시기이기 때문이다. 특히 논술을 통한 창의성 논술학습은 초등학생들에게는 평생 학습습관이 된다는 점에서 중요하다. 일반적으로 창의적인 성향으로는 초·중등학생들의 개방성, 민감성, 집착성, 거부성을 들 수 있다. 또한 학생들의 끈기, 호기심, 자발성, 독자성, 변화성, 도전성, 자기 효능감 등을 들고 있다. 물론 초·중등학생들에게 논술을 통해 수준 높은 창의성을 기대하는 것은 아니다. 그러나 생각만 좀 바꾸면 창의적인 요소들을 통해 창의성을 키울 수 있는 기반이 된다는 점에서 창의적인 논술학습이 필요하다. 그러한 점에서 다음의 논술 답안을 보자.

엘 우즈는 브루저의 엄마를 찾기 위해 사람을 고용했다. '금발이 너무해'라는 영화에서 브루저는 여주인공 엘 우즈의 애완견이다. 1) 브루저의 엄마는 화장품 회사의 실험용으로 갇혀 있었다. 서로를 바라보는 강아지의 눈빛이 슬픔에 차 있었다. 우리 주변에는 많은 동물들이 희생되고 있다.

인간은 동물들이 고통을 느낀다는 것을 알고도 종種차별주의로 동물들에게 무관심한 것을 비판하고 있다. 많은 사람들은 인간이 아닌 동물이 고통을 받는 것은 덜 중요하게 받아들인다. 인간이 우선인 것이다. 그러나 동물과 인간 중 어느 것도 더 중요하다고 말할 수 없다. 인간뿐만 아니라 동물들도 감각을 갖고 고통을 느끼기 때문이다. 몇몇 사람들은 무고하게 희생되는 동물들을 불쌍하게 여긴다. 2) 하지만 그에 대한 사회 운동은 소극적이다. 사람들은 종種차별주의에 속박되지 말고, 적극적으로 운동해 동물들의 희생을 막아야 한다.

인간의 편안함을 위해 어떤 생명의 희생도 요구할 수 없다. 생명 중 어느 것이 더 귀하다고 할 수 없다. 인간의 삶의 필수 조건으로 동물의 희생을 요구하는 것은 드물다. 삶의 질을 높이기 위해 더욱 더 동물들의 희생을 요구한다. 3) 화장품이 그 대표적인 예 중 하나다. 화장품의 부작용이 없는지 동물들에게 먼저 실험해 본다. 사람들이 립스틱에 지렁이가 많이 들어갔다는 얘기를 들으면 징그 럽다거나 더럽다고 생각한다. 인간의 사치를 위해 목숨을 희생한 지렁이를 불쌍하다고 생각하는 사람은 극히 드물다. 또 다른 예로 는 가죽가방, 가죽 또는 모피코트가 있다. 이것도 인간이 자신의 부나 외모를 뽐내기 위해 너구리의 살가죽을 벗기는 것이다. 제품의 질을 높이기 위해 살아있는 상태에서 벗긴다고도 한다. 이 이야기를 듣는 대부분의 사람들은 동물의 무고한 희생에 양심의 가책을 느낄 것이다. 그러나 동물의 희생으로 만들어진 물건을 사용하는 사람들 중에, 죄책감을 느끼지 못하는 사람도 분명 있을 것이다. 4) 하지만 인간의 삶이 풍족해진 지금, 동물의 고통을 침묵해서는 안 된다. 동물도 우리와 같은 생명이고 고통을 느낀다는 것을 자각해야 한다.

 5) 사람들이 동물의 고통을 자각하기 위해 동물원에 인간 전시관을 만들어 전시하는 것도 필요하다. 동물원에 인간이 전시된다면 누구보다도 동물의 생명의 소중함을 인식할 수 있을 것이다. 또한 동물원에 동물들이 전시된다면 당연히 인간도 동물이기에 전시돼야 마땅하다. 동물원에서 인간을 위해 동물을 전시한다면 인간을 위해 인간을 전시하는 것도 더 이상 이상하지 않다고 생각한다. 오히려 초등학생들에게 그런 동물원을 관람시킨다면 다양한 측면에서 교육적 효과가 있으리라 생각한다. 실제적인 사례로 호주에는 인간을 전시하는 '에들레이드' 동물원이 있다고 한다. 그 동물원측은 전시용 사람들이 다른 우리의 동물들처럼 심심함을 달래기 위한 장난감 등을 넣어두었다고 한다.

 브루저는 태어나자마자 헤어진 엄마를 한눈에 알아보았다. 6) 인간과 똑같이 감정을 갖고 감각을 지닌 동물들을 인간보다 등한시해서는 안 된다. 이제는 동물들의 고통에 관심을 갖고 고통을 줄이는 방법에 대해 적극적으로 연구해야 한다.

창의성이란 기발한 것만을 의미하지 않는다. 상식과는 다른 관점에서 자신의 생각이 분명하게 드러난 부분을 초·중등 교육에서 다루면 좋다. 위 글에서 자신의 생각은 진한 문장의 부분이 주로 해당된다. 넓게 보아 창의성이라고 볼 수 있다. 상식적인 현상에서 문제를 제시하고 그것에 대안을 제시하는 것으로 보기 때문이다. 창의적인 요소인 개방성은 여기서 사물을 다른 각도에서 보려는 자세, 편견 없이 문제를 바라보려는 자세, 다른 사람의 관점을 기본적으로 존중하는 자세 등을 가리킨다.

원 문 1) 브루저의 엄마는 화장품 회사의 실험용으로 갇혀 있었다. 서로를 바라보는 강아지의 눈빛이 슬픔에 차 있었다. 우리 주변에는 많은 동물들이 희생되고 있다.

그동안은 사람의 입장에서 동물을 봤는데, 이제는 그 본질의 관점에서 보자는 내용이다. 브루저라는 엄마 개는 사람들의 아름다움을 위한 화장품 실험의 희생자이다. 사람의 관점에서 사람들이 보면 당연한 내용이기 때문에 우리 마음에 아무런 생각이 들지 않는다. 그러나 관점을 바꾸어 개의 입장에서 바라볼 때 당연히 문제점이 발견된다. 왜 그런가? 당연시 됐던 현상을 본질적인 입장에서 바라보기에 그렇다. 이렇게 창의적인 논술은 우리들에게 당연시 됐던 상황에 많은 문제점을 들추어 찾아낸다. 일종의 창의성의 요소인 개방, 민감성에 해당한다. 개방성, 민감성은 현상에 대해 관심과 흥미를 갖고 다른 관점에서 끊임없이 문제의식을 갖는 성향을 말하기 때문이다. 브루저 엄마(개)가 희생되는 상황에서 문제점이 제기됐다면 창의적인 논술은 반드시 해결 방안이 논의돼야 한다.

[원 문] 2) 하지만 그에 대한 사회 운동은 소극적이다. 사람들은 종種 차별주의에 속박되지 말고, 적극적으로 운동해 동물들의 희생을 막아야 한다.

2)의 내용은 문제점에 대한 해결방안이 된다. 사람들의 종種차별주의와 소극적인 사회운동을 비판하고, 사람을 위한 동물 희생을 막기 위한 적극적인 사회운동을 제시하기 때문이다. 또한 이 답안을 쓴 필자의 생각이 나온 부분으로, 창의성의 요소인 자발성을 확인할 수 있다. 창의적인 논술에서 자발성은 자기의 문제로 생각하고 적극적인 사고로 스스로 문제를 해결해 나가려고 하고, 낙관적 태도를 지니며, 스스로 그 일을 즐기는 태도를 말한다. 즉 자발성은 신념의 차원과 행동의 차원을 통합한 것이 될 때 설득력이 높아진다.

[원 문] 3) 화장품이 그 대표적인 예 중 하나다. 화장품의 부작용이 없는지 동물들에게 먼저 실험해 본다. 사람들이 립스틱에 지렁이가 많이 들어갔다는 얘기를 들으면 징그럽다거나 더럽다고 생각한다. 인간의 사치를 위해 목숨을 희생한 지렁이를 불쌍하다고 생각하는 사람은 극히

드물다. 또 다른 예로는 가죽가방, 가죽 또는 모피코트가 있다. 이것도 인간이 자신의 부나 외모를 뽐내기 위해 너구리의 살가죽을 벗기는 것이다. 제품의 질을 높이기 위해 살아있는 상태에서 벗긴다고도 한다.

3)의 경우는 동물의 실험을 통한 화장품 개발과 동물의 신체를 활용한 모피코트의 사례를 들고 있다. 일반적으로 주장에 대한 사례도 창의적 사고에 속한다. 즉 창의적인 요소인 집착성에 해당하는데, 집착성은 한 번 더 생각해 보고, 더 깊게 파헤쳐 보기 위해 관련 정보를 수집, 축적하는 자세, 끝가지 문제를 해결하려는 자세를 일컫는다. 동물의 실험을 통한 화장품에 대한 정보와 너구리의 가죽을 활용한 모피코드 등의 정보가 축적된 것을 창의력으로 보고 있다. 창의력이 발현되는 데에는 순간성 또는 우연성이란 것도 있다. 그러나 창의성을 연구한 전문가에 의하면 초·중등학교에서는 독서 등을 통해 축적된 그 무엇 속에서 나온다고 보는 것이 일반적이다.

원 문 4) 하지만 인간의 삶이 풍족해진 지금, 동물의 고통을 침묵해서는 안 된다. 동물도 우리와 같은 생명이고 고통을 느낀다는 것을 자각해야 한다.

4)는 사람들에게 동물에 대한 새로운 인식과 대응을 촉구하는 내용이다. '인간의 삶이 풍족해진 지금, 동물의 고통을 침묵해서는 안 된다. 동물도 우리와 같은 생명이고 고통을 느낀다는 것을 자각해야 한다'는

지금까지 동물들의 고통에 대해 인간들이 침묵해 왔다는 것을 말해준다. 또한 동물도 우리 인간들의 생명처럼 자각하지 않았다는 것을 암시하고 있다. 그러한 점에서 4)의 주장은 지금까지 동물의 고통과 생명에 대해 무감각했던 사람들의 심리적 거부가 예상된다. 그런 것을 감안하여 4)는 '하지만 인간의 삶이 풍족해졌다'는 근거를 제시하고 있다. 그러나 동물이 인간을 위해 존재한다는 상식적인 사고를 가진 사람들에게 얼마나 설득력을 가질지는 미지수이다. 그런 점에서 4)를 창의적 요소로 접근하면 거부성에서 찾을 수 있다. 거부성은 타인의 통제에 대해 단호히 거부하고 다소는 괴팍하고 고독을 즐기는 태도를 말한다. 창의성이 높은 사람일수록 타인의 통제에 대해 거부하는 마음이 더욱더 심해진다.

[원 문] 5) 사람들이 동물의 고통을 자각하기 위해 동물원에 인간 전시관을 만들어 전시하는 것도 필요하다. 동물원에 인간이 전시된다면 누구보다도 동물의 생명의 소중함을 인식할 수 있을 것이다. 또한 동물원에 동물들이 전시된다면 당연히 인간도 동물이기에 전시돼야 마땅하다. 동물원에서 인간을 위해 동물을 전시한다면 인간을 위해 인간을 전시하는 것도 더 이상 이상하지 않다고 생각한다.

5)는 동물의 생명의 소중함에 대한 사람들의 효과적인 자각의 방법을 제시하고 있다. 그동안은 피상적으로 '사람의 생명이 소중하다면 마찬가지로 동물의 생명도 소중하다'는 식으로 인식만 했었다. 논술은 인식의

차원과 함께 그것을 실천할 행동의 촉구 차원도 중요하다. 그런 점에서 5)의 주장은 우리들에게 황당하기보다는 '그럴 수 있다'는 설득력을 갖는다. 5)를 창의적 요소로 접근할 때 자기 효능감이라고 할 수 있다. 자기 효능감은 자신을 믿고 문제를 해결해 나가는 자세를 말한다. 또한 필자의 주장(생각)이 담긴 내용은 유창성에도 해당된다. 창의적인 사고 기능으로 든 유창성은 주어진 문제 상황에서 제한된 시간에 해결책이나 아이디어 등을 산출해낼 수 있는 능력을 말하기 때문이다. 또한 5)는 융통성도 해당되는데, 그것은 어떤 문제에 대해 다양하게 접근하는 것으로 고정 관념에서 탈피하는 것이다. 서로 관련이 없는 단어들이나 상황을 제시하고 새로운 방법으로 조합해 보는 활동이 이것과 관련되기 때문이다. 또한 5)는 독창성에도 해당되는데, 그것은 이미 만들어낸 결과와 관련된 것으로 새로운 반응이나 아이디어를 상상력으로 이끌어내는 것이다. 이때 상상력은 경험 세계의 범위를 벗어나 자기만의 생각을 해내는 능력을 말한다.

[원 문] 6) 인간과 똑같이 감정을 갖고 감각을 지닌 동물들을 인간보다 등한시해서는 안 된다. 이제는 동물들의 고통에 관심을 갖고 고통을 줄이는 방법에 대해 적극적으로 연구해야 한다.

6)은 이 답안에서 전체 주제의 내용에 해당한다. 분량이 많은 논술 답안에서 서론, 본론, 결론으로 맞춰 답안을 작성했을 때 결론에서 다시 주제가 반복 제시될 수 있다. 논술의 뼈대가 주장과 근거라고 할 때 6)의 전체 주장(주제문장)을 위한 근거가 1), 2), 3), 4), 5)가 된다. 전체의

큰 틀에서 봤을 때 결론의 주제문장은 서론과 본론의 내용의 근거를 바탕으로 존재하기 때문이다.

　자, 이 글을 읽고 어떤 생각이 들었는지 궁금하다. 초·중등학생들에게 논술을 통한 창의성의 요소들이 포함된 사고를 이끌어내면 된다. 물론 다른 사람이 생각지 못했던 기발한 아이디어나 독창적인 사고도 창의력에 포함된다. 그러나 초·중등학생들의 일반적인 창의적인 요소를 통한 논술학습은 이러한 아이디어나 독창적 사고의 기반이 된다는 점에서 중요하다.

　그렇다면 초·중등학교에서 창의적인 논술학습을 할 수 있을까. 자신의 교과수업을 활용하여 논술학습을 하면 된다. 따로 시간을 마련하여 논술학습을 하면 더 좋지만, 교육과정상 그것이 힘들다면 자신의 교과수업에서 10분 정도 활용하면 아주 효과적이다. 즉 자신의 교과 내용 중에서 논술 문제를 만들고 학생들이 답안을 작성하도록 하는 것이다. 논술의 제시문은 자신의 교과 일부의 내용이 되고, 답안은 학생들의 생각을 중심으로 적게 하면 된다.

2. 논술은 모든 교과의 수업, 평가의 방식이 돼야 한다

논술의 핵심은 창의력이다. 앞서 제시한대로, 창의성은 초·중등학생들의 개방성, 민감성, 집착성, 거부성과 끈기, 호기심, 자발성, 독자성, 변화성, 도전성, 자기 효능감 등을 들고 있다. 이러한 요소들이 교사의 수업시간과 평가의 방식에 논술의 형태로 구체화가 돼야 한다. 현재는 초·중등학교에서 논술형 평가는 일반화가 되고 있으나 수업과의 연계성에 많은 문제점을 갖고 있다. 자신의 교과 수업에서 적용할 논술의 형태는 다양하지만 초·중등학생들에게는 '놀이+학습'의 형태가 되면 좋다. 고차원적으로 말하면 놀이도 아니고 학습도 아닌 무경계의 수업의 형태가 된다. 그럴 때 논술 평가에서도 창의성은 발휘될 것이다. 이런 수업의 구조와 평가에서 바로 창의성의 핵심적인 요소를 발휘할 수 있기 때문이다. 논술형 평가의 부분은 II에서 본격적으로 다루기로 하고, 여기서는 교과수업에서 논술을 활용하는 것을 사례를 통해 생각해 보자.

〈사례1〉

방 법 다음 (가)의 '교과 내용'과 (나)의 '도서 내용(신문기사)' 등을 다양한 측면에서 관련지어 수업 속의 창의성을 키우는 논술학습을 한다.

(가) [미술 교과] 소나무 아래 호랑이가 눈을 번뜩인다. 가마솥 같은 대가리를 위압적으로 내리깐다. 앞발은 천근같은 무게로 엇건다. 허리와 뒷다리 쪽에 신경이 날카롭게 곤두선다. 금방이라도 우리의 머리로 달려들 것 같다. 그러나 당당한 몸집에서 우러나오는 위엄과 침착성이 꼬리로 이어진다. 바로 김홍도의 송하맹호도松下猛虎圖다. 이 그림은 초인적인 사실성으로 '조선범'을 경이롭게 표현했다. 오주석 작가는 이런 옛 그림을 연구하면서 조상이 이룩한 문화와 예술의 높은 격조를 깨달았다고 말한다. 우리 문화 예술에 법고창신法古創新이 필요하다고 말한다. 문화는 선인들의 과거를 성실하게 배워 발전적 미래를 이어가는 재창조 과정이라는 것이다. 지금 한국 문화는 외국 문화에 밀려 소외되고 있다. 그 결과 우리 민족의 주체성 혼란이 극에 달하고 있다. 이런 시기에 우리 문화의 우수성을 깨닫게 하여 우리를 성찰하게 해준다.

－ 오주석, 『한국미의 특강』, 솔

(나) [신문 기사] 이 그림 속 선비가 물을 보며 무엇을 생각하는지 물어보는 단순한 궁금증은 곧 '우리 선조들이 이 그림을 펼쳐 놓고 무엇을 감상하였을까?'라는 질문과 다름없다. 이러한 질문은 옛 그림을 이해하는 기본적 의문이며 감상태도이다. 산수화 속에 그려진 조

그만 인물의 모습에는 선조들이 공유했던 생각과 감상이 응축되어 담겨있다. 근대기 이전의 옛 그림에서 화가의 개인적 체험이나 특별한 생각을 찾아내는 것은 위험하기 짝이 없는 일이다. 그 시절 그림에는 그림을 향유하던 계급에서 공유하던 생각의 코드가 약속처럼 전달되는 경우가 대부분이기 때문이다. 약속의 코드는 대개 그들이 섬기었던 성현의 말씀이거나 아끼며 암송하던 명시의 시구였다. '자왈(子曰·선생께서 말씀하시기를)'로 시작되는 경전의 어록은 거듭 읽고 탐구하여 그 뜻을 바로 새겨야 했다. 성현의 말씀을 암송하고 행간의 뜻을 터득하는 것이 그 시절의 '공부工夫'였으며, 이 공부로 단련된 이후에야 관료로 출세하여 세상을 다스릴 수 있었다.

　　　　　　　　　－ 고연희, 〈강희안의 '고사관수도': 물을 보며 배우다〉, 문화일보

[논술을 통한 교과수업]

(가)는 미술 교과의 일부 내용이고, (나)는 신문 기사의 내용이다. 만약에 미술 교과에서 김홍도의 송하맹호도松下猛虎圖를 학습할 때 (나)의 내용(신문 기사)을 끌어들여 관련짓는 논술학습을 하는 것이다. 논술에서 창의성을 높이려면 교과서의 내용만을 가지고서는 효과를 낼 수 없다. 그런 점에서 학생들에게 흥미를 유발할 수 있는 내용을 가져와서 통합시키는 것이 중요하다. 통합에서 창의성이 발현되고, 그 과정이 학생들에게 놀이처럼 재미있게 느껴지기 때문이다.

그렇다면 어떤 문제가 논술문제가 될까. 초·중등학생들에게 (가)와 (나)의 내용과 그림에 대한 자신의 생각을 근거를 갖추어 적게 하는 문

제를 생각할 수 있다. 우선 초등학생이라면 (가)와 (나)의 그림에 대한 자신의 생각을 자유롭게 논술하게 하는 것이 좋다. 초등학생들에게는 대상에 대한 자유로운 생각과 그림과 같은 시각적인 자료가 글을 쓰게 하는데 흥미적인 요소가 되기 때문이다. 또한 중학생들에게는 (가)의 밑줄 내용인 '지금 한국 문화는 외국 문화에 밀려 소외되고 있다. 그 결과 우리 민족의 주체성 혼란이 극에 달하고 있다. 이런 시기에 우리 문화의 우수성을 깨닫게 하여 우리를 성찰하게 해준다'의 관점으로 (나)의 밑줄 친 글과 그림에 대한 자신의 감상을 논술하게 하면 효과적이다. 이를 정리하면 다음과 같다.

초등 논제 1 (가)와 (나)의 그림에 대한 자신의 견해를 논술하시오.
(분량은 자유)

_____

_____

_____

_____

_____

중등 논제 1 (가)의 밑줄 내용인 '지금 한국 문화는 외국 문화에 밀려 소외되고 있다. 그 결과 우리 민족의 주체성 혼란이 극에 달하고 있다. 이런 시기에 우리 문화의 우수성을 깨닫게 하여 우리를 성찰하게 해준다'의 관점으로 (나)의 밑줄 친 글과 그림에 대한 자신의 생각을 논술하시오. (분량은 자유)

_____

_____

_____

_____

_____

또한 (나)의 경우에 밑줄 내용인 '산수화 속에 그려진 조그만 인물의 모습에는 선조들이 공유했던 생각과 감성이 응축되어 담겨있다. 근대기 이전의 옛 그림에서 화가의 개인적 체험이나 특별한 생각을 찾아내는 것은 위험하기 짝이 없는 일이다. 그 시절 그림에는 그림을 향유하던 계급에서 공유하던 생각의 코드가 약속처럼 전달되는 경우가 대부분이기 때문이다'에 바탕을 두고 (가)의 그림에 대한 감상의 내용을 논술하시오'라고 하면 좋다. 이 논술 문제 속에는 창의적인 요소가 모두 포함되어 있어서 학생들에게 10여 분의 시간을 주고 자유롭게 논술 답안을 작성하게 하면 효과적이다. 이를 정리하면 다음과 같다.

중등 논제 2 (나)의 밑줄 내용인 '산수화 속에 그려진 조그만 인물의 모습에는 선조들이 공유했던 생각과 감성이 응축되어 담겨있다. 근대기 이전의 옛 그림에서 화가의 개인적 체험이나 특별한 생각을 찾아내는 것은 위험하기 짝이 없는 일이다. 그 시절 그림에는 그림을 향유하던 계급에서 공유하던 생각과 감성의 코드가 약속처럼 전달되는 경우가 대부분이기 때문이다'의 관점으로 (가)의 그림에 대한 자신의 감상을 논술하시오. (분량은 자유)

_____

_____

_____

〈사례2〉

방 법 다음 (가)의 '교과 내용' 과 (나)의 '독서 내용(신문기사)' 등을 다양한 측면에서 관련지어 수업 속의 창의성을 키우는 논술학습을 한다.

1. 제시문의 구성

(가) 교과의 핵심 내용

_____

_____

_____

(나) 도서의 핵심 단락 (『오프라 윈프리』/자넷 로우 지음, 신라나 옮김/청년정신)

1) 고등학교 때 가졌던 오프라의 첫 직장은 아버지의 식품점 점원이었다. 하지만 그녀는 그 일이 싫었다. 그녀는 다른 일자리를 찾기 위해 애를 썼고, 그러다 찾은 것이 라디오 방송국 진행자였다. 오프라는 라디오 방송국에서 일할 기회를 잡자 무척이나 기뻐했는데, 아마도 자신에게 꼭 맞는 일을 찾았다는 생각 때문이었을 것이다. 그녀가 그 일을 얼마나 좋아하고 푹 빠졌는지는 오프라의 남자친구였던 '토니 오테이'를 통해서 확인할 수 있다. 그가 오프라와 헤어질 수밖에 없었던 이유는 그녀가 학교생활뿐만 아니라 WVOL 라디오 방송국의 일을 하느라 도무지 데이트할 시간을 낼 틈이 없었기 때문이다.

2) 나는 복종하도록 키워졌지 스스로 생각하도록 키워지지 못했어요. 어느 날 내 코디네이터가 '속옷을 입지 않으시네요' 하고 말하더군요. 나는 말했죠. '나는 이제 슬립을 입지 않아.' (…) 오프라는 노예인 상태로는 아무것도 이룰 수 없다고 말한다. 그녀는 완전한 자유인으로 살아가기 위해서는 자신의 자유의지를 끊임없이 확신해야 한다고 믿는다. 당신은 저 자리에 앉을 수 없다거나 당신은 무엇이 될 수 없다는 등의 말에 영향을 받지 말라고 그녀는 말한다. 그녀는 믿는다. 자신을 자유롭게 해주는 단 한 가지는 자신이 자유로워질 수 있음을 믿는 것이란 걸.

2. 흥미 유발하기

우리는 오프라를 통해 삶의 진실을 본다. 그녀는 어려운 환경에도 자신의 재능에 대한 확신과 실천, 완전한 자유인으로 살기 위한 자유 의지를 보여주었다. 자신의 교과 수업 내용에서 '자유의지'와 '재능발현'에 대한 핵심 내용을 추출하여 아래의 내용과 관련시켜 보자. (나) 1)는 자신의 재능을 정확히 알고, 그것에 푹 빠져 최고의 자리에 오를 직업을 택했음을 말해준다. (나) 2)는 자유의지를 통해 자신을 자유롭게 하는 것이 삶의 최고의 가치임을 보여준다. 그녀는 '자유의지'를 통해 '재능'을 발휘한 셈이다.

이대현 한국일보 논설위원은 "수많은 사람들이 그녀의 성공비결을 내놓았다. 『워너비 오프라』를 쓴 변호사 워렌 캐셀은 자기단련법을 40가지나 열거했고, 『신화가 된 여자, 오프라 윈프리』의 저자 재닛 로는 두려움을 치료해 줄 수 있는 것은 자신에 대한 신뢰와 용기라고 했다. 또한 아동작가 일린 쿠퍼는 『오프라 윈프리』에서 꿈과 열정을 꼽았다. 자신의 비참하고 부끄러운 과거까지 방송에서 털어놓는 솔직함과 그 상처와 아픔조차 쓰다듬는 사랑과 용서라고 한 사람도 있다.

재치와 파격, 순발력 있는 진행과 말솜씨, 친근한 이미지를 이야기하는 사람도 있다. 모두 맞는 말이다. 그러나 무엇보다 오늘의 오프라 윈프리를 있게 한 것은 타인의 마음까지 열게 하는 따뜻한 시선과 겸손한 자세, 진실된 마음은 아닐까. 그래서 그녀의 쇼에 나오면 대통령도, 기라성 같은 스타들도 모두 가면과 껍질을 벗고 그냥 한 '사람'이 돼 차마 가족에게조차 못한 고백을 하며 눈물을 훔치는 것은 아닐까. 진정한 '토크'야말로 교언영색巧言令色이 아니라 마음을 나누는 것임을 25년

동안 보여준 그녀의 쇼가 25일로 막을 내린다. 그러나 끝이 아니다. 9월에 시작할 새 무대 〈오프라의 넥스트 챕터〉에서도 분명 '소통의 신화'는 이어질 것이다"라고 말했다.

교과의 수업 내용에서 '자유의지'와 '재능발현'은 어느 교과 과목이나 효과적인 학습 목표가 될 수 있다. 자유의지와 재능발현은 자신이 좋아하는 취미, 숨겨진 재능에서 그 일단을 찾을 수 있다.

3. 논술 문제와 해설

논제 1 교과 내용인 (가)와 관련하여 (나) 1)의 관점에서 오늘날의 직업 인식을 비판하고 그 해결방안을 논술하시오. (분량은 자유)

_____

_____

_____

_____

_____

[해 설] 오늘날 직업의 선택은 자신의 적성과 관련이 없는 경우가 많다. 생계의 수단과 신분 상승의 욕구가 직업 선택의 주된 이유다. 사회적으로 인기 있는 직업을 선호하는 것이 그 대표적 현상이다. 이런 경우는 자신의 정신적 삶을 황폐화시킬 뿐이다. 그 해결방안으로는 자신의 재능을 펼칠 수 있는 직업을 선택하는 것이다. 그리고 그 직업에 푹 빠져 최고의 자리를 향해서 도전해 보는 것이다. 요즘 자신의 정체

성이 분명한 사람들은 직업을 통한 삶을 즐기는 것이 가능한 직업을 찾는다. 사람들의 그런 의식은 자신이 선택한 직업에 몰입되어 자신의 재능을 발휘할 많은 기회를 얻을 수 있다. 다양한 삶의 방식이 존재하는 오늘날, 삶의 보람을 배가시키는 방법이다.

논제 2 교과 내용인 (가)와 관련하여 (나) 2)를 읽고 인간의 자유의지가 갖는 가치를 구체적인 사례를 들어 논술하시오. (분량은 자유)

_____

_____

_____

_____

_____

〔해 설〕 자유의지는 자신을 환경에 종속시키지 않고 자기 정체성을 찾아 발전하도록 만든다. 자유의지(free will)는 자신의 행동과 결정을 스스로 통제하고 발휘할 수 있는 능력이다. 즉 외적인 제약이나 구속을 받지 않은 채 정신적으로 누리는 자유를 말한다. 그 사례로 입센의 희곡 '인형의 집'을 들 수 있다. 이 작품에서 주인공 '노라'는 사회적 인습 때문에 자유의지를 빼앗긴 존재다. 노라는 남편의 이기적이고 위선적인 태도를 알게 되고, 남편의 인형이 아닌 인간으로 살기 위해 가출을 결심한다. "당신은 첫째로 나의 아내이고 아이들의 어머니란 말이오?"라는 남편의 말에 "무엇보다 저는 떳떳한 인간이에요. 한 인간이

되기 위해 노력해야겠어요"라고 노라는 말한다. 이렇게 노라는 자신의 자유의지를 통해 집을 박차고 나가고, 아내이기 이전에 '주체적 인간'으로서의 삶을 되찾는다. 인간이 인간이고자 한 고귀한 자유의지의 표현이다.

자신의 교과 수업에서 논술의 활용 방법은 다양할 수 있다. 여기서 분명한 것은 교과서의 내용과 신문 기사, 도서의 내용 일부를 결합한 두 제시문이 만들어져야 한다는 점이다. 이러한 논술 방식을 기본으로 더 나간다면 자기주도적인 논술학습법도 가능하다. 즉 학생들이 교사가 제시한 교과의 핵심 내용을 바탕으로 신문 기사, 도서의 내용 중 일부의 내용을 스스로 편집하여 제시하고, 그와 관련한 논제를 만들고 답안을 작성하는 것이다. 이것은 학생들이 논술의 전 과정을 모두 자기주도적으로 함으로써 교과수업과 연계한 최고의 논술학습법이 된다.

3. 창의적인 논술을 잘 하려면 다양한 관점을 지녀야 한다

우리들이 상황과 대상에 대해 생각하는 기준은 무엇인가. 아마도 상식적 차원이 기준이 될 것이다. 그런 결과로 우리들은 누구나 예측 가능한 결과물을 만들어낸다. 그 결과물은 쓰임새가 상식적이어서 진정한 창조물이라 할 수 없을 것이다. 그렇다면 우리들에게 필요한 것은 무엇인가. 바로 사물에 대한 스펙트럼식의 관점(사고)이 필요하다. 즉 하나의 빛이 프리즘을 통과하고 난 후 생긴 다양한 빛이 필요한 것이다. 햇빛과 같은 하나의 백색광이 무지개처럼 여러 빛깔로 나뉘는 빛의 분산은 스펙트럼 현상을 말한다. 우리들이 논술학습은 창의성이 본령이라고 말한다. 즉 초·중학생들에게 창의적인 논술학습은 단순한 사고에서 벗어나 다양한 관점으로 사고력을 넓히는 고차원의 글쓰기가 돼야 한다는 뜻이다. 우리 주변의 사물에 대한 관점을 바꾸면 상식이 여지없이 깨지는 것을 느낀다. 뱀, 쥐, 거미, 하이에나 등에 대한 우리의 관점을 바꾸었을 때 진정한 아름다움을 가진 동물들이 되기 때문이다.

논술은 전형적인 상식을 요구하지 않는다. 하나의 현상이나 사물을 보고 다양한 관점을 창출하는 창의적인 능력을 요구한다. 논술학습에서 제시문을 바탕으로 문제점, 해결책, 견해 등을 제시해야 하는 문제는 학생들의 창의력이 중요하다. 답안이 창의적이기 위해서는 대상을 여러 관점으로 바라볼 수 있어야 한다. 다음 그림을 보고 생각해 보자.

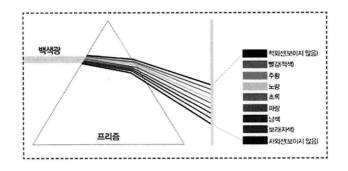

프리즘은 빛의 분산·굴절을 일으키기 위해 유리나 수정으로 만든 삼각기둥 모양의 광학 장치다. 빛의 분산은 햇빛과 같은 백색광이 무지개처럼 여러 빛깔로 나뉘는 스펙트럼 현상을 말한다. 빛의 분산이 일어나는 것은 빛이 프리즘을 지날 때 색깔에 따라 굴절하는 정도가 다르기 때문이다. 프리즘을 논술학습과 관련해 생각하면 어떨까? 프리즘의 '분산된 빛'과 '다양한 사고'가 관련된다는 점에서 의미가 있다.

몇 년 전 서울대 모의논술에서, '오늘날의 상황에서 조선사회의 당면 과제에 대한 대책'을 논제로 제시했다. 먼저 '프리즘'처럼 당시 조선 상황에 대한 대책을 다양하게 사고해 보자. 1) '쇄국정책, 개방정책, 절충주의'를 주장할 수 있다. 2) '부분적인 쇄국, 개방정책'을 제시할 수 있다. 3) '전면적인 개방을 하고 그 피해를 줄이자는 대책'도 가능하다. 4) '부분적으로 개방하고 전통문화를 지키자'는 대책도 이끌어낼 수 있다. 이렇게 다양한 대책을 떠올린 뒤 가장 창의적인 것을 답안으로 쓰면 된다.

서울대는 3) '전면적인 개방을 하고 그 피해를 줄이자는 대책도 가능하다'는 답안을 공개하고 이를 창의적인 답안이라 했다. 서울대는 "보기에 따라서는 3)이 전형적인 절충주의라고 할 수도 있으나, 기술된 맥락을 볼 때 상당한 설득력을 지닌다. 이것은 전면 개방이 필요하다는 생각이 일관적으로 작용하면서, 그 일관성에 의한 부분적 피해를 방지하면 일관성 자체를 수정할 필요는 없다는 논리로 받아들여질 수 있다"고 평가했다. 만약 완전 개방이나 전통문화 훼손 등을 제시했다면 상식적인 답안이 됐을 것이다. 여기서 '프리즘' 사고를 통해 3)의 주장 같은 창의적인 대책을 얻었음을 알 수 있다. 바로 초·중학생들에게 논술학습은 이렇게 해야 한다는 방법론도 암시하고 있다. 즉 다양한 관점을 확보하게 하고 그것을 바탕으로 자신의 주장(생각)을 제시하게 하는 것을 말한다.

요즘에는 인문학이 위기라고 말한다. 그런 점에서 '인문학의 위기에 대한 대책'을 생각해 보는 논술학습을 생각해 보자. 여기에도 다양한 관점을 확보하는 '프리즘' 사고를 적용하면 어떨까. 바로 무지개 색과 같은 인문학 부활의 다양한 대책이 나타날 것이다. 첫째, 정부는 인문학의 교육 연구에 지원해야 한다. 둘째, 오늘날 무차별적으로 진행되는 시장경제 논리를 인문학 중심으로 바꿔야 한다. 셋째, 인문학이 빠르게 변하는 시대적 변화에 능동적으로 대처해야 한다. 넷째, 인문학 교수들이 기업과 인문학 전공 학생을 연결해 취업을 돕는 실질적 지원에 앞장서야 한다. 다섯째, 인문학 교수들이 개별 학문의 경계를 허물고, 젊은 인문학 연구자들의 창의적인 과제를 적극 지원해야 한다. 물론 이런 인문학의 위기와 대책에 대한 논술 학습은 초·중학생들에게 어려울 수 있다. 다만 창의적인 논술학습에서 학생들의 다양한 관점의 확보가 중요함을 제시하고 있는 것이다.

인문학 위기의 상황을 감안할 때 가장 설득력 있는 대책은 다섯째일 것이다. 기발한 대책은 아닐지라도 현실성이 있고 창의적이기 때문이다. 이와 관련해 전봉관 KAIST 인문과학부 교수가 "인문학자들은 인문학의 위기 상황을 타개하기 위해 진지한 반성과 성찰을 보이지 않았다. 인문학은 돈으로 하는 학문이 아닌데 인문학자들은 뼈를 깎는 자기혁신 대신 정부 지원에 매달렸다"고 한 말은 의미심장하다. 첫째의 대책은 상식적이라는 점에서, 둘째는 실현가능성이 희박하다는 점에서, 셋째는 추상적이라는 점에서 설득력이 떨어진다. 넷째는 공감할 수는 있지만 지나치게 현실적인 대책이라 할 수 있다. 그동안 이공계 교수들처럼 발 벗고 나서 기업과 학생을 연결해 취업을 돕는 지원을 한 것이 자연계의 위기를 극복한 좋은 사례였다. 하지만 인문학의 본질과 관련해 생각하면 설득력이 떨어진다.

이제 사물에서 '하나의 가치'만을 뽑아내는 시대는 지났다. 우리들의 논술학습에서 이 점을 명확히 해야 한다. 논술 학습에서 '오늘날은 단순한 사고에서 벗어나 사고력을 다각적으로 넓히는 게 첫 번째 주문'이라고 생각하면 틀림없다.

사람의 관심은 상식적 사고의 일탈에서 비롯된다. 즉 창의성의 출발이다. 기존의 상식을 배제한 언어나 행동은 시선을 붙잡는다. 감동은 익숙한 모습에서 표출되는 것이 아니라 경험하지 못한 상황과 마주칠 때 새롭게 느껴지는 것이다. 최근 검은색 옷과 넥타이 차림으로 시상식에 가는 스타들이 많아졌다. 검은색 패션의 등장은 시상식의 새로운 변화로도 볼 수 있다. 검은색 옷은 상가喪家에 갈 때나 입는다는 상식이 깨진 것이다. 그런 점에서 다음 글은 시사하는 바가 크다.

"'낯설게 하기'는 하나의 문학적 장치에 한정적으로 사용되기보다 오히려 문학이나 예술 일반의 기법에 관련되어 있는 용어로 보는 편이 더 옳다. 일상화되어 있는 우리의 지각은 보통 자동적이며 습관화된 틀 속에 갇혀 있다. 특히 일상적 언어의 세계는 이런 자동화에 의해 애초의 신선함을 잃은 상태이며, 자연히 일탈된 언어의 세계인 문학 언어와는 본질적으로 다를 수밖에 없는 것이다. 즉 지각의 자동화 속에서 영위되는 우리의 일상적 삶과 사물은 본래의 의미를 상실한 채 퇴색하는데, 예술은 바로 이러한 자동화된 일상적 언어의 틀을 깨고 낯설게 하여 사물에게 본래의 모습을 찾아주는 데 그 목적이 있다."

– 한용환 『소설학 사전』

논술도 마찬가지이다. 논술 답안의 뼈대는 주장과 논거이기 때문이다. 그런데 주장과 논거가 상식으로만 흐른다면 어떨까? 논술의 신선한 맛을 느끼지 못할 것이다. 우리는 참신한 주장과 논거가 높은 평가를 받는다는 말을 듣는다. 창의성이 바탕을 이루기 때문이다. '참신함'은 위에 인용한 '자동화된 일상적 언어의 틀을 깨고 낯설게 하여 본래의 모습을 찾아주는 것'과 관련된다. 문학의 원리를 과학적 사례를 통해 밝히거나 문학에서 과학적 진실을 찾아내는 경우가 그렇다. 즉 성격이 다른 대상을 통해 본래 모습을 찾는 것이 새로운 감동으로 다가오는 것이다.

사회에서의 삶을 생각해 보자. 사회·문화 제도에 순응하면서 모범적인 삶을 살려는 사람들을 어떻게 평가해야 할까? 물론 긍정적으로 평가할 것이다. 사회제도와 규범은 사회질서 유지를 위한 틀로 인식되기 때문이다. 그러나 상황에 따라, 사회적 속박을 초월해 살아가는 사람들에게서 인간 본래의 모습을 찾을 수도 있다. 일제강점기 고관대작을 지낸 친일파보다는 고통스럽게 그 시대를 겪어낸 사람들에게서, 인종차별에 반대해 올림픽 금메달을 강물에 던져버린 복서에게서 우리는 삶의 진실을 보게 되는 것이다.

어느 시인은 '열정적인 삶의 아름다움'을 화려한 스타나 지식인이 아닌, 추운 겨울 버스 속의 '서민'에게서 찾았다. 스타나 지식인보다는 순수하게 살아가는 이웃들에게서 더 큰 삶의 진실을 엿볼 수 있기 때문이다. 또한 인간과 인간의 진실한 관계를 '이별'에서 찾은 경우도 많다. 나를 위한 사랑은 아무리 화려해도 이기주의의 발로일 뿐이다. 즉 나를 희생하고 상대방에게 정신적 자유를 부여하는 것이라는 의미를 생각할 때 사랑이란 말에 설득력이 생긴다. 이는 '낯선 곳'에서 찾은 삶의 본질에 해당한다. 즉 대상에 대한 다양한 관점에서 낯설기는 생성된다. 오늘날 초·중학생들에게 대상과 상황에 대한 다양한 관점을 만드는 창의적인 논술학습이 필요한 이유다.

박기철 경성대 교수는 "20세기 이후 '지식의 시대', '정보의 시대'라는 말이 풍미하고 있다. 따져보면 생각의 중요성이 지식이나 정보에 묻혀 있다. 여기서는 정보나 지식보다는 어떤 생각을 갖고 있느냐가 중요하다. 이른바 과학적 사고나 검증 객관 등에 묻혀 가장 근본적인 생각이 가려져 있기 때문이다. 마르크스의 『자본론』이나 애덤 스미스의 『국부론』 같은 명저도 검증된 것이 아니라 주관적인 제안일 뿐이다"라고 말하고 있다. 또 "이를테면 좋은 친구를 사귀는 것이 능사가 아니라 스스로 좋은 친구가 돼야 한다, 사랑의 반대말은 미움이나 싫음이 아니라 무관심이다, 영업이란 재화나 용역을 판매해 돈을 버는 것이 아니라 인간적 신뢰를 갖고 사람을 얻는 일이다, 미학이란 아름다움의 본질을 탐구하는 이론이 아니라 아름다움의 욕구를 실천하는 활동이다 등의 딴소리를 통해 '낯설게 만들기'를 시도해야 한다'고 주장한다. 이렇듯 그도 다양한 관점의 사고를 염두에 두고 말을 하고 있다.

우리 초·중학생들의 인식은 상식적이며 습관화된 틀 속에 갇혀 있다. 물론 겉으로는 규칙적, 모범적인 것처럼 보인다. 얼마 전에 중학교 1학년 학생들에게 '너의 꿈이 무엇인가?'를 설문 조사했을 때 대부분 돈을 많이 버는 대기업의 회장을 꿈으로 제시했다. 물론 그것이 나쁘다는 것은 아니다. 모두가 상식적 사고에 매몰됐다는 것을 말하고 싶다. 그들의 재능과 적성, 개성은 모두 다르다. 그런데도 그들의 꿈은 대부분 비슷하다. 왜 그럴까? 꿈에 대한 다양한 관점을 확보하지 못했기 때문이다. 그런 논술학습을 교과 수업에 통합하여 하지 못했기 때문이다. 그러나 더 큰 문제는 이러한 상식적인 사고가 결국 내면적으로는 자아 상실로 이어진다는 것이 문제가 된다. 이른바 달걀껍데기를 깨고 나오면 병아리가 되지만, 그 틀에 안주하면 사람의 먹을거리가 되는 것과 같은 이치다.

이젠 우리 초·중학생들은 습관화된 사고 틀에서 과감하게 벗어나야 한다. 그 방법의 하나로 논술학습에서 '낯설게 하기'를 활용해 보면 어떨까? 그럼 한 줄에 1500원짜리 김밥을 파는 할머니에게서 삶의 진실을 보게 되는 창의적인 안목을 얻을 것이다. 이와 같이 사물의 본질에 다다르는 관점을 달리한다면, 현상이나 상식에 가려져 있던 것을 새롭게 보게 되는 감동을 받게 될 것이다.

이제 초·중학생들의 논술학습에서 '자신이 생각하는 진정한 아름다움이란 무엇인가' 하는 논제를 제시하면 어떨까? 상식적인 대답은 안 된다. 상식적인 대답이란 누구나 할 수 있는 답변을 말한다. 즉 아름다움의 대상을 뛰어난 예술작품이니, 공작새니, 미스코리아와 관련시켜 말하면 상식적인 답안이 된다. 이것이 완전히 틀리지는 않았지만 답변을 하는 자신만의 관점을 보이는 창의성이 보이지 않는다는 것이 문제가 된다.

특히 초·중학생들에게는 창의적인 관점을 찾아내려는 습관을 만들어주어야 한다. 그것이 창의성을 키우는 논술학습을 통해 집중적인 교육을 받아서 꽃피우기를 기대한다. 그러기에 창의성은 단기간에 집중적인 노력으로 결실을 맺는 것이 아니다. 학생들이 어떤 논제에 목숨을 걸고 매달리고 그 결과 실패하고, 또 실패하고, 좌절하고, 이런 과정을 수없이 경험하면서 오로지 그 분야에만 집착하는 과정에서 창의성의 결과는 피어난다. 미쳐야 미친다는 말이 이해된다.

좀 전의 이야기로 돌아가면, 진정한 아름다움을 찾는 접근법을 대조의 기법으로 생각해 보면 더욱 좋다. 즉 사회적인 대우가 열악한데도 자신만의 장인정신을 발휘한 소수자의 경우에 초점을 두는 것은 어떨까? 바로 창의적인 논술 답안이 될 수 있다. 사례를 들면, 진정 아름다운 동물이란 '이 세상에서 가장 못생긴 개'를 우선 들 수 있다. 못생겼다 하면 사람들이 대부분 거부하는 강아지가 된다. 많은 사람들이 원하는 강아지가 아니라 소수가 자신만의 관점으로 아름다움을 부여하여 키울 수 있는 상황이 되는 것을 말한다. 여기서 소수라는 것에 주목해야 한다. 세계에서 가장 못생긴 강아지의 사진이 인터넷에 올랐는

데, 털이 다 빠지고 입이 삐뚤어져서 주둥이가 돌아갔고, 또한 혀까지 늘어져서 입안으로 들어가지 못한 모습이다. 그런데 다양한 관점으로 살펴보니 그런 비정상적인 모습은 그 강아지만이 가진 고유한 특징이 된다. '그 강아지만의 특징!', 바로 내가 부여한 아름다움이 된다. 그것이 그 강아지의 존재 의미가 되는 것이고 자신을 세상에 드러내는 유일한 특징이 되는 것이라고 생각하면 어떨까? 이런 생각까지 미쳤다면 그 속에서 진정한 아름다움을 뽑아낼 수 있을 것이다.

정리한다면, 진정한 아름다움이란 그 대상만이 가진 특징을 당당하게 드러내는 것이라고 보는 나의 관점에서 정의하면 어떨까? 소수일지라도 창의적인 관점을 가진 사람들이 존재하다보니, 못생긴 '개' 선발대회가 열리는 것이다. 아름다운 순수한 혈통을 가리는 일반적인 개 선발대회에 대조적으로 못생긴 개를 선발하는 대회를 개최하는 창의적인 일을 한 것이다. 이 원리를 확대한다면 진정한 아름다움을 가진 동물로는 뱀, 쥐, 거미, 하이에나 등도 가능하다는 논리가 생성된다. 관점을 다양하게 하면 평소에 혐오스럽다고 생각한 동물들이 아름답게 다가옴을 느낄 것이다. 상식적인 생각과는 거리가 먼 생각들이면 일단 창의적인 생각으로 보면 된다. 중요한 것은 그 대상에 합당한 이치와 근거를 갖추고 있어야 한다.

이야기를 넓혀서 사람의 경우를 생각해 보자. 오래 전 폐암으로 세상을 떠난 천재 가수가 있다. 이름은 '이남이', 당시 62세로 '울고 싶어라'라는 히트곡으로 가수의 최정상에 올랐다. 그는 벙거지를 쓰고 콧수염을 길렀으며 한을 토해 내는 듯한 음색으로 노래했는데 그것이 바로 우리 민족의 소리로 느껴질 정도였다. 그런데 그는 인기의 최정상에 올랐을 때 연예계에서 사라졌다. 여기서 이남이만이 가진 독특한 삶의 철학이 엿보인다. 인기를 유지하기 위해 온갖 노력을 하는 일반 가수들과는 정반대의 삶의 길을 택한 것이다. 그는 춘천으로 가서 고아원, 교도소, 양로원 등과 춘천 지역의 문화 행사에 적극 나섰다.

위의 내용과 관련지어 프로스트의 「가지 않는 길」이라는 시를 감상해 보자.

노란 숲 속에 길이 두 갈래 갈라져 있었습니다. / 안타깝게도 나는 두 길을 갈 수 없는 / 한 사람의 나그네라 오랫동안 서서 / 한 길이 덤불속으로 꺾여 내려간 데까지 / 바라다 볼 수 있는 데까지 멀리 보았습니다.

그리고 똑같이 아름다운 다른 길을 택했습니다. / 그럴만한 이유가 있었습니다. 거기에는 / 풀이 더 우거지고 사람 걸은 자취가 적었습니다. / 하지만 그 길을 걸음으로 해서 / 그 길도 거의 같아질 것입니다만.

그 날 아침 두 길에는 낙엽을 밟은 자취 적어 / 아무에게도 더럽혀지지 않은 채 묻혀 있었습니다. / 아, 나는 뒷날을 위해 한 길은 남겨 두었습니다. / 길은 다른 길에 이어져 끝이 없으므로 / 내가 다시 여기 돌아올 것을 의심하면서

훗날에, 훗날에 나는 어디에선가 / 한숨을 쉬며 이야기할 것입니다. / 숲 속에 두 갈래 길이 갈라져 있었다고, / 나는 사람이 적게 간 길을 택하였다고 / 그것으로 인해서 모든 것이 달라졌더라고.

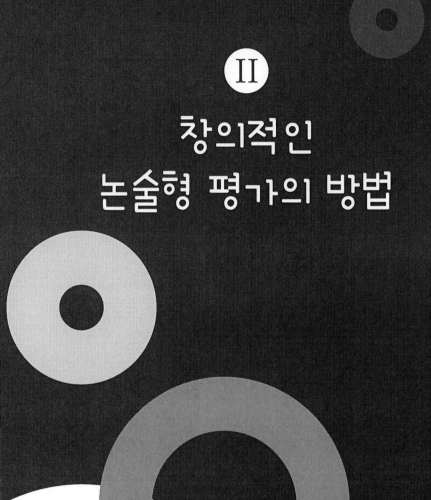

II

창의적인
논술형 평가의 방법

1. 논술형 평가는 창의성을 바탕으로 평가돼야 한다

요즘 초·중등학교에서는 논술형 평가를 한다. 먼저 애기를 하고 싶은 것은, 논술형 평가만을 통해서는 학생들의 창의력이 신장되지 않는다는 것이다. 그보다 먼저 교과 수업이 논술형으로 바뀔 때 학생들은 창의적 사고를 하게 되고, 그것을 논술형으로 평가할 때 창의력이 신장된다는 점이다. 그런 점에서 초·중등학교에서 논술형 평가는 논술형으로 수업을 진행했을 때를 전제로 해야 올바른 논술형 평가가 된다. 그런데 우리들은 교사중심 수업을 하면서 평가는 논술형으로 하는 경우가 많다. 그 결과 학생들에게는 논술형 평가가 어렵고, 그것을 출제하고 평가하는 교사 역시 고역이 아닐 수 없다.

원래 논술형 평가는 재미가 있는 평가에 해당한다. 재미있다고 하는 것에 이해가 가지 않을 것이다. 그러나 평소에 논술학습과 관련지어 교과 수업을 하고, 학생들에게 자신의 생각을 쓰게 하는 시간을 충분히 주었다면 학생들은 논술형 평가를 즐거워한다는 설문 조사도 있다. 그 이유는 논술형 평가의 핵심인 '자신의 생각을 논술하시오'에 있다. 논술형 평가에서 자신의 생각을 제시하는 것은, 주관적인 측면이 강하여 학생들에게 심리적인 안정감을 줄 수 있다. 서술형은 단답형 주관식과 같이 어느 정도 답안의 내용이 정해져 있다. 정해진 내용을 문장으로 적는 것이 서술형이다. 정해진 답안을 문장으로 적는다는 것은 학생들에게 구속감의 심리를 준다. 자신의 생각과는 무관한 답안의 내용이기 때문이다. 즉 학생 자신이 생각하는 대로 마음껏 적지 못하기 때문에 싫은 시험이 되는 것이다.

그러나 창의성을 바탕으로 하는 논술형 평가는 자신의 생각을 적을 수 있다. 때론 대상과 현상을 파악하여 문제점을 밝히고 자신의 관점에서 대안을 제시할 수 있다. 이런 논술형 평가가 얼마나 멋진 시험인가. 우리 교사들은 논술형 평가의 긍정적 측면을 분명히 알아야 한다. 논술을 교과 수업과 통합한 내용과 이어지는 제시문을 보고 생각해 보자.

우선 교과 수업에서 호기심을 유발하는 일화를 소개한다.

[일화 내용] 아인슈타인의 아내는 갓 태어난 아들을 돌보라는 부탁을 남기고 외출했다. 아인슈타인은 한 손으로는 공식을 쓰고 있었고 다른 손으로는 기계적으로 요람을 흔들고 있었는데, 아기의 울음소리는 안중에 없었다고 한다.

아인슈타인의 집중력을 보여주는 '일화逸話'다. 과학 일화에서 빠질 수 없는 것이 있다. 바로 '우연한 발견'이다. 온도계가 깨지는 바람에 수은이 반응의 촉매라고 밝혀진 것이 그 사례다. 오늘 수업은 과학 일화를 창의성을 키우는 논술과 관련하여 논의를 해 보자.

(가) 1943년 독일 폭격기에서 투하된 폭탄 하나가 고성능 폭탄과 100톤의 겨자 가스(mustard gas)를 실은 미국 함선 USS 리버티 호에 떨어졌다. 리버티 호는 폭발했고 겨자 가스 연기가 항구를 뒤덮었다. 로즈 박사는 독에 희생된 사람들을 치료하던 중 겨자 가스가 혈구에 미친 영향에 충격을 받았다. 가스에 노출되자마자 백혈구

수치가 올라가더니 다른 백혈구 세포의 수치가 거의 0으로 줄어들었다. 그렇다면 겨자 가스가 백혈병을 고치는 데 도움이 되지 않을까? 몇 달 뒤 시키고의 암연구자가 질소 머드타드-겨자가스 및 그와 관련된 화합물을 사용하여 백혈병 환자를 성공적으로 치료했다.

(나) 문제를 이리저리 연구하던 아르키메데스는 목욕을 하게 되었다. 그는 욕탕에 앉다가 탕에서 넘친 물의 양이 자기 몸이 잠긴 부피와 동일하다는 점을 깨달았다. 이것은 문제를 해결하는 하나의 단서가 되는 것이었다. 아르키메데스는 기쁜 마음에 즉시 탕에서 뛰어나와 벌거벗은 채로 집으로 뛰어가면서 그리스어로 크게 반복해서 외쳤다. "유레카(heureka, 원하던 것을 찾았다), 유레카"
– 월터 그라처, 『위대한 발견의 숨겨진 역사』, 김우열 옮김, 청림출판

위의 내용은 과학 발견의 일화다. (가)는 폭탄의 폭발 시 나온 겨자 가스에서 암치료법을 발견한 경우다. 폭탄의 일종인 겨자 가스는 백혈병 치료에 화학요법을 도입하는 계기가 된다. (나)는 아르키메데스가 물질의 비중을 알아내는 방법을 알아내는 순간이다. 이처럼 일화는 생생하면서 쉬운 방식으로 과학을 이해시킨다.

논제 1 (가)와 (나)의 공통점을 밝히고 그것의 다른 사례를 들어 논술하시오.

〔해 설〕 (가)와 (나)의 공통점은 '우연히 과학 이론을 발견한 일화'다. '우연한 발견'은 과학의 발전에 중요한 요소로 작용한다. 이런 점에서 우연은 자연이 베푸는 선물과 같다. 다른 사례로 플레밍의 라이소자임과 페니실린 발견을 들 수 있다. 라이소자임은 세균 배양 접시에 자기 콧물이 떨어진 곳에서 발견한 것이고, 페니실린은 씻어두지 않은 배양 접시에서 발견되었기 때문이다. 모두 플레밍의 천성적인 불결함과 관련된 '우연한 발견'이다.

〔평 가〕 [논제 1]은 창의력을 평가하기 위한 논술형 문항이 아니다. 오히려 서술형에 가까운 문제라고 할 수 있다. (가)와 (나)의 공통점은 제시문을 잘 분석하면 쉽게 찾을 수 있는 내용이다. 학생들 누구든지 제시문만 보면, (가)와 (나)의 공통점은 '우연히 과학 이론을 발견한 일화이다' 라고 쓸 수 있기 때문이다. 학생들의 관점에 따라서 다양한 답안이 올 수 없는 문제가 된다. 또한 사례를 드는 것의 요구도 마찬가지이다. 우연한 과학 이론을 발견한 사례를 묻는 것이기에 객관적인 사례의 제시가 예상된다.

〔논제 2〕 (가)와 (나)의 일화가 과학에 갖는 의미를 밝히고, 그것에 대한 자신의 견해를 논술하시오.

〔해 설〕 우리는 과학적이란 말은 '선善'으로, 비과학적이란 말은 '악惡'로 대치한다. 그 결과 과학을 맹신하여 경외심까지 갖는다. 그러나 과

학에 대한 경외심을 '일화'로 타파가 가능하다. 그동안 책에서 과학 이론만의 제시는 난해함만 주었다. 이것은 과학을 과학자들의 전유물로 만드는 계기가 된다. 그러나 일화를 통하여 우리는 생활의 과학화를 실천할 수 있다. 일화는 재미있고 쉬운 방식으로 전달하기 때문이다.

평　가 [논제 2]는 서술형+논술형의 복합구조의 문제가 된다. 즉 논제의 '(가)와 (나)의 일화가 과학에 갖는 의미를 밝히고'는 서술형이, '그것에 대한 자신의 견해를 논술하시오'는 논술형의 형식을 보이기 때문이다. 대체적으로 초·중등학교에서 이런 형식으로 논술형을 출제하고 있다. 그러나 논술형의 형식을 갖추었기에 논술형 평가라고 하기에는 큰 무리가 없다. 그러나 창의적인 측면에서 볼 때 '어떤 측면이 창의성을 요구하고 있지?'라는 의문이 들 수 있다. 그런 점에서 창의성을 평가하는 논술형 문제는 아니라고 할 수 있다.

논제 3 (가)와 (나)의 일화가 과학의 발전에 갖는 긍정적 측면과 그 한계를 밝히고, 그것에 대한 자신의 견해를 논술하시오.

해　설 제시문을 통해 볼 때 일화를 통한 법칙의 우연한 발견은 과학의 발전에 큰 영향을 주었다고 할 수 있다. 끊임없는 시행착오를 거친 연구의 결과로 과학의 이론을 발견하여 과학의 발전에 기여한 적도 있지만, 연구의 과정에서 우연한 과학의 발견은 과학을 모르는 비과학도에게 호기심을 가지게 하기 때문이다. 결국 우리 생활의 전반에 과학의 일화를 통해 과학이란 말이 친근하게 느껴질 수 있어 생활의 과학화, 학문의 과학화가 이루어질 수 있다. 요즘 인문학을 인문과학이라는 말이 쓰인 것도 같은 맥락에서 볼 수 있다. 그러나 우연한 발견에 의한 과학이론의 정립은 연구자들에게 행운을 기대하는 심리가 생길 수 있다는 것이다. 과학의 이론은 수많은 연구에 따른 철저한 검증을 생명으로 한다. 이것이 과학자의 임무라고 할 때 우연한 기회의 이론의 발견은 과학이라는 첨단학문에서 한계를 갖는다.

평 가 [논제 3]은 일화를 통한 법칙의 우연한 발견에 대해 학생들이 다양한 관점에서 접근할 수 있다는 점에서 창의성을 키우는 논술형에 속한다. 특히 대상과 상황에 대한 한 가지만을 묻는 것이 아니라 대상이 갖는 긍정적, 부정적 측면을 모두 묻는다는 면에서 창의성과 관련을 맺게 된다. 또한 '그것에 대한 자신의 견해를 논술하시오'라는 논제는 창의성의 본질과 연결된다고 할 수 있다. 즉 대상에 대한 긍정적, 부정적 측면을 쓰라고 한 것은 모든 사물은 양면성이 존재한다는 창의적인 사실에 근거한 것이다. 또한 그에 대한 자신의 생각의 제시는 완전히 열린 문제에 해당한다. 그런 점에서 학생들이 자유롭게 법칙의 우연한 발견에 자신의 견해를 제시할 수 있기 때문이다.

2. 창의성을 평가하는 논제는 이렇게 출제, 평가해야 한다

앞에서 언급했듯이, 창의성의 요소는 초·중등학생들의 개방성, 민감성, 집착성, 거부성을 들 수 있다. 또한 학생들의 끈기, 호기심, 자발성, 독자성, 변화성, 도전성, 자기 효능감 등도 거론된다. 초·중학생들의 창의성을 일으키기 위한 조건으로는 1) 개방적·허용적 분위기 조성 2) 다양한 창의적 기법의 활용 가능 내용 3) 영역 지식과 일반 지식의 통합, 융합 4) 학생들의 수준, 흥미, 삶의 경험을 고려한 내용의 구성 등이다. 이경화(한국교원대학교)의 「창의성 교육의 이해와 방향」의 관련된 일부 글을 보도록 하자.

그렇다면 어떤 내용을 어떻게 담아야 하는가? 바람직하고 효과적인 창의성 교육은 어디까지나 '좋은 교육'에 대한 전제를 받아들이는 데서 출발한다. 흔히 바람직하고 좋은 교육의 원리로 제시되는 것 중의 하나는 아마도 '통합적 접근법'일 것이다. 이러한 원리는 창의성 교육의 원리에도 일관되게 나타난다. 그렇다면 이때 통합의 의미는 무엇이며, 어떻게 하는 것이 통합하는 것일까? 황윤환(1998)은 교육과정 통합 과정의 핵심을 시간과 공간적으로 달리한 학습 경험들이 상호 관련지어 의미 있게 모아져서 하나의 전체로서 학습이 이루어지게 하는 것이라고 보았다.

위에서 인용한 글은 창의성을 교육을 위한 통합·융합적 접근을 강조하고 있다. 그렇다면 초·중등학교의 논술형 평가 또한 통합적·융합적 접근법이 중요하다는 것을 알 수 있다. 물론 요즘 융합 수업을 강조하는 교육 분위기에서 통합적 접근에 의한 논술형 평가는 새롭지 않다. 문제는 우리 교사들이 먼저 통합적·융합적 사고를 명확히 이해하는가에 달렸다. 교사들의 이해가 우선된 후 통합·융합적 방향으로 교과 수업을 진행하고, 그에 맞춰 논술형 평가를 한다면 최고의 평가가 될 것이다. 최근 경기도교육청이 창의 인성 함양을 위한 융합 지향 논술형 평가를 강조한 것도 같은 맥락에서 이해할 수 있다. 다음의 창의성을 키우는 논술형 평가 사례를 보기로 하자.

(가) 한강의 홍수 역사를 보면 집중 호우 피해보다 범람으로 인한 피해가 더 컸다. 1972년엔 이재민이 23만 명으로 큰 피해를 입었다. 해방 이전 역사적 대홍수로는 1925년 이른바 을축년 대홍수가 꼽힌다. 당시 철교 1, 2각이 파손되는 등 5백 96억 원의 엄청난 인적·물적 자원의 피해를 입었다. 또한 1964년 9월 20년에는 1천 700여mm 최대 강수량을 기록하기도 했다. 문제는 현재도 홍수로 인한 한강의 범람은 정도의 차이만 있을 뿐 계속되고 있다는 것이다.

(나) 주먹과 보자기만 있는 대립항에서는 어떤 새로운 변화도 일어나지 않는다. (…) 가위의 힘, 말하자면 세 손가락은 닫혀 있고 두 손가락은 펴 있는 양쪽의 성질을 모두 갖춘 중간항을 발견하였다. 열려 있으면서도 닫혀 있는 가위의 존재, 그 때문에 이항대립의 주먹과 보자기의 세계에 새로운 생기가 생겨난다. 주먹은 가위를 이기고 보자기를 이기지 못하며 보자기는 주먹을 이기는, 그 어

느 것도 정상에 이를 수 없으며 그 어느 것도 밑바닥에 깔리지 않는 서열 없는 관계가 형성되는 것이다.

논 제 (나)의 관점에서 (가)의 홍수에 의한 한강의 범람을 해결하기 위한 방안에 대하여 자신의 견해를 논술하시오. (분량은 자유)

학생들이 홍수와 관련된 내용을 수업을 통해 배웠다고 할 때, 문제 해결에 집중력을 발휘할 것이다. 논술형 평가의 일부 제시문과 논제가 수업의 내용과 연관이 될 때 학생들은 논술형 평가에 심리적으로 안정감을 갖기 때문이다. 여기서 (가)는 현실의 논제가 되는 상황이고 (나)는 통합인 중간항의 원리를 제시한 부분이다. 즉 (나)의 원리를 통한 (가)의 문제점을 해결하도록 하는 논술형 문항이 되는데, 가장 좋은 점수를 받는 학생은 (가)의 해결 방법으로 (나)의 중간항의 원리를 제시하는 경우이다. 즉 늪(습지)은 물도 아니고 땅도 아닌 중간의 물과 땅이 반죽된 상태이기 때문이다. 이 문항이 창의성을 키우는 교육에 중요한 것은, 이 논술형 문항을 이해하게 되면 학생들이 다른 분야의 갈등 상황에도 효율적으로 이 중간항의 원리를 적용할 수 있기 때문이다. 지금까지의 논술형 문제가 일회성으로 끝난 것이 많다면, 이러한 논술형의 문항은 다른 분야에도 적용이 되는 등 확대 재생산되기에 효율성이 크다. 그런 점에서 위의 논제는 창의성을 키우는 논술형 문항이라고 할 수 있다. 그렇다면 창의성을 키우는 논술형 평가의 이해를 위해서 다음의 논제 해설을 보도록 하자.

학생들에게 홍수 대책에 관해 물으면 어떤 대답이 나올까? 일부는 댐 건설을, 일부는 하천 기능을 살려야 한다는 등의 주장을 내놓을 것이다. 물론 이런 주장도 의미는 있지만 참신한 맛을 주지는 못한다. 새로운 시각을 얻기 위해 다음 칼럼을 보자.

주먹과 손바닥으로 상징되는 이항대립 체계는 서구문화의 뿌리를 이루고 있는 기본 체계이다. 천사와 악마, 영혼과 육신, 선과 악, 괴물을 죽여야 공주와 행복한 결혼을 한다는 이른바 세인트 조지 콤플렉스가 바로 서구 문화의 본질이었다고 할 수 있다. 그러니까 서양에는 이항대립의 중간항인 가위가 결핍되어 있었던 것이다. 주먹과 보자기만 있는 대립항에서는 어떤 새로운 변화도 일어나지 않는다. (…) 가위의 힘, 말하자면 세 손가락은 닫혀 있고 두 손가락은 펴 있는 양쪽의 성질을 모두 갖춘 중간항을 발견하였다. 열려 있으면서도 닫혀 있는 가위의 존재, 그 때문에 이항대립의 주먹과 보자기의 세계에 새로운 생기가 생겨난다. 주먹은 가위를 이기고 보자기를 이기지 못하며 보자기는 주먹을 이기는, 그 어느 것도 정상에 이를 수 없으며 그 어느 것도 밑바닥에 깔리지 않는 서열 없는 관계가 형성되는 것이다.

— 이어령, 「중간항의 문화」

이 글은 이분법적 사고에서 벗어날 수 있는 새로운 발상을 보여준다. 가위바위보의 '가위'에 해당하는 중간항을 홍수 대책의 원리로 활용해

보면 어떨까? 지금까지 홍수 대책은 인간만을 위한 것이라고 해도 과언이 아니었다. 댐 건설이 대표적인 사례다. 하지만 엄청난 홍수를 댐으로 완벽하게 막는다는 것은 댐의 기능상 한계를 지닐 수밖에 없다. 또 댐은 시멘트로 물의 흐름을 막는다는 점에서 자연과의 공존을 기반으로 한 해결책은 아니다.

이 시점에서 '자연은 인간을 위해 존재한다'는 이분법적 사고에서 벗어나기 위한 지혜가 요구된다. 즉, 인간만을 위해서도 안 되고 자연만을 위해서도 안 된다. 인간과 자연의 서열 없는 중간항의 통합의 관계가 필요하다. 그런 점에서 '대규모 늪(습지)을 확보해야 한다'라는 주장은 어떨까? 기존의 홍수 대비책을 뛰어넘는 참신한 발상이라는 점에서 주목받을 수 있지 않을까? 예컨대 홍수 해법을 가위 바위 보로 푼다면 '늪(습지)'은 '가위'에 해당한다.

늪(습지)은 항상 물에 젖어 있는 땅이다. 즉 '물도 아니고 뭍(땅)도 아닌 지역이다. 늪은 물과 땅이 공존하는 중간항(융합)에 해당한다. 늪은 스펀지와 같아서 많은 양의 물을 끌어들여 간직한다. 이런 점에서 "도시와 교외 지역의 습지를 보전하고 이 지역에서 사라진 습지를 복원하자. 습지를 활용한 도시의 물순환체계 구축은 도시형 홍수를 방지하는 데 도움을 준다. 홍수 위험이 있는 저지대의 개발을 금지하고 습지로 보전하자"는 서울대 김귀곤 교수의 글은 상당히 설득력이 있다. 그 사례로 네덜란드의 홍수 대책을 들 수 있다. 네덜란드는 전 국토의 27%가 바다보다 낮아 침수 위험에 늘 노출되어 있다. 이로 인해 네덜란드 정부는 1992년부터 2000년까지 제방에 쌓여 있는 국토 면적의 1.76%에 해당되는 연안 습지를 복원 중이다. 네덜란드에도 '가위'라는 통합적 사고가 적용되는 셈이다.

 '가위'의 통합의 중간항 원리를 우리 사회 문화의 여러 상황에도 활용해볼 수 있다. 우리나라의 보수와 진보의 이분법적 사고에 '가위'를 들이대보면 어떨까? 그 대답은 '보수적 진보' '진보적 보수'로 나올 것이다. 이런 중간항이 존재할 때 사회의 갈등은 균형과 조화 속에 해결 여지를 넓혀갈 수 있다. 빈부 격차도 이분법적 사고에서 나온 비극 가운데 하나다. 여기에 '가위'를 들이대면, 상류층과 하류층의 일부가 옮겨와 중산층이 확대될 수 있지 않겠는가. 빈부 격차가 심화되는 극단의 현실에서 중간항이 두터워질 때 그 사회는 안정되고 개혁 또한 성공할 수 있다. 혹자는 논술에서 중간항의 제시는 비빔밥 같은 입장이 되지 않을까라는 우려를 제기할지도 모른다. 물론 논술에서 중간항의 제시는 어느 한쪽 입장만을 강조할 때 나타나는 통쾌한 맛은 없다. 반면에 통합, 융합에서 생성되는 창의성을 확보할 수는 있다. 우리나라 현실에서는 통합의 '가위문화'의 확대가 필요하다. 상반된 주장이 첨예하게 대립하는 온갖 이슈에서 한쪽의 극단적인 주장은 국력의 낭비와 천박한 문화만을 양산할 뿐이다. 학생들이여, 통합인 중간항의 확대를 위해 '가위'를 들이대자.

3. 논술형 평가의 컨설팅은 창의성에 바탕을 두고 이루어져야 한다

1) 창의성을 키우는 논술형 평가 문항 제작, 평가 시 유의 사항

컨설팅 유의점 1 평가하려는 학생 집단의 수준 및 특성을 고려해야 한다.

• 문항 내용이나 지시문 등의 어휘 수준이 초·중학생의 수준에 적합해야 한다.
• 문항 수를 학생의 수준과 능력에 맞게 적절히 조절하고, 각 문항에 충실히 답할 수 있도록 적절한 시험 시간과 답안 분량을 제시해야 한다.

컨설팅 유의점 2 지식보다는 다른 분야에 적용이 가능한 창의적 능력을 측정해야 한다.

• 논술 문항을 출제하는 근본적 이유가 학생들의 창의적 사고를 평가하는 것이기에 학생들의 수준에 적합한 문항을 출제해야 한다.
• 논술형 문항이 일회성 효과에 그치지 않고 계속 다른 교과나 학생의 개인적, 사회적 삶에서 긍정적으로 계속 적용 및 활용, 유지될 수 있도록 창의성을 바탕으로 출제해야 한다.

컨설팅 유의점 3 논술과 교과를 통합한 수업을 통해 학습 결과를 측정할 수 있는 문항을 출제해야 한다.

- 수업의 내용과 관련 있는 창의성을 키우는 논술 문항은 학생들이 심리적으로 안정감을 가질 수 있다. 그런 점에서 교과 수업에서 논술형 문항을 풀게 하는 고정된 시간이 있어야 한다.
- 논술과 통합한 융합 교과수업에서는 논제에 대한 학생들의 생각을 최대한 인정해주고, 모둠별 등의 활동을 통해 다양한 사고가 가능하도록 분위기를 마련해 주어야 한다.

컨설팅 유의점 4 가능하면 채점기준 및 문항점수를 미리 제시하고, 모의고사 논술형 평가를 실시해야 한다.

- 학생들이 창의성을 키우는 논술형 평가에 익숙하도록 하기 위해서는 모의고사 논술형 평가를 실시해 보는 것이 효과적이다. 특히 답안의 채점에서 학생들의 자유로운 사고를 융통성 있게 평가해준다면 학생들은 오히려 논술형 평가를 더 선호할 것이다.
- 논술형 평가를 출제하는 교사는 반드시 자신이 예시답안을 작성해야 한다. 그에 따른 채점 기준표와 함께 창의성을 평가하는 항목 등을 제시해야 한다.

창의성을 키우는 논술형 평가의 배점에서 반드시 부분 점수에 대한 부분 점수를 부여해야 한다.

- 만약, 논제가 '(나)의 관점에서 (가)의 홍수에 의한 한강의 범람을 해결하기 위한 방안에 대하여 자신의 견해를 논술하시오. (분량은 자유)' 인 경우 (나)의 관점에 대한 배점이 상, 중, 하로 배분되고, (가)의 홍수에 의한 한강의 범람을 해결하기 위한 방안이 상, 중, 하로 배점이 배분돼야 한다. 즉 논술형 한 문항에 부분 점수가 있고, 또 부분 점수에 대한 부분 점수가 있어야 평가에 따른 학생들의 불만이 없어진다.
- 창의성을 키우는 논술형 평가는 때론 평가 기준이 주관으로 흐를 수도 있다. 단 창의력을 평가하는 측면에서 정해진 답안이 있을 수 없으므로 이 점에 대하여 교사는 신중을 기해야 한다. 가장 효과적인 것은 논술형 평가의 기준에 있는 것이 아니라 논술형 평가를 풀기 위한 해결 방안을 자신의 교과 시간에 어떻게 수업으로 활용했는가에 달려있다. 그런 점에서 좋은 논술형 평가를 위해서는 논술과 자신의 교과를 통합한 수업이 반드시 이루어져야 한다.

〈논술형 평가 컨설팅 사례〉

(가) 하루는 박제가가 술이 얼근하게 취하여 이렇게 말했다. "박제가가 사랑하는 바보들이 있습니다. 그 한 가지 바보는, 자기가 하는 일에 깊이 푹 빠져 넋을 잃고, 병적으로 집착癖하는 바보들입니다. 한 벗은 매화꽃 한 송이를 그리려고, 그 꽃의 표정과 몸짓과

향기를, 몇 날 며칠 밥을 굶어가며 들여다보고 또 킁킁 향기를 맡고, 그것을 한 번 그리고 열 번 그리고 스무 번 그리고 서른 번 백 번 그럽니다. 그러나 더 똑똑한 바보는 자기의 일에 그렇게 미쳐 있다가도 어느 날 문득 확 떨쳐버리고 훨훨 자유자재로 벗어나 휘휘 돌아다닐 줄도 아는 사람입니다. 물론 그렇게 벗어났다가는, 다시 또 문득 그 일로 되돌아가 더 치열하게 미쳐 살아야 하겠지요." 추사는 고개를 숙인 채 말했다. "명심하겠습니다."

(나) 박제가가 말을 이었다. "그런데, 소인이 구역질을 할 정도로 미워하는 간사한 두 부류의 사람들이 있는데 그 첫째는 과거 시험이라는 병에 걸려있는 양반과 그 자제들이고, 다른 한 부류는 그들 자제의 독선생 노릇을 하면서 밥을 빌어먹는, 기가 막히게 머리 잘 돌아가는 족속입니다. 조선의 모든 양반들은 자기 자식들을 과거에 입격시키기 위해 사력을 다합니다. 그 양반들을 도와주는 훈장들이 있는데, 그들은 과장에 나가보지 않았으면서도, 이번 과거에는 '누구누구가 시험관이 될 터인데, 그들은 이러이러한 경향으로 출제를 할 것이므로 이러이러한 부분을 외워야 한다'하고 예단을 합니다."

– 한승원, 『추사 1』, 열림원

위의 글은 박제가가 제자인 추사에게 준 가르침이다. (가)는 박제가가 사랑하는 바보들을 밝힌다. 그는 '미쳐야 미친다'는 학문의 연구 태도를 밝힌다. (나)는 박제가가 미워하는 두 부류를 말한다. 신분 상승이나 신분 유지를 위한 학문 추구의 방법을 비판한다.

논제 1 (가)의 연구 태도의 효용성을 오늘날 학문 추구 현상과 관련지어 밝히고, 그에 대한 자신의 견해를 논술하시오. (배점 30점/분량 500자 내외)

해 설 오늘날 학문은 본질보다는 현상의 추구가 횡행한다. 얄팍한 학문적 지식으로 경제적인 이익을 꾀하기 때문이다. 이른바 '고진감래苦盡甘來'보다는 '불로소득不勞所得'의 학문 연구방법을 선호한다. 그 결과 학문의 본질이 왜곡되어 경제적인 목적을 위한 수단으로 변질됐다. (가)는 박제가의 학문 연구 태도를 보여준다. 바로 '미쳐야(狂) 미친다(及)'의 학문의 연구 방법이다. 바로 자신만의 분야에 최고의 경지를 이루고자 하는 장인정신이다. 추사는 이런 학문의 추구 과정을 통해 자신만의 우뚝한 창조의 결과물을 획득했다. 그것은 오늘날 우리의 올바른 학문 추구의 방법을 시사한다. 오늘날 우리가 박제가를 추앙하는 이유다.

컨설팅 유의점 1 평가하려는 학생 집단의 수준 및 특성을 고려해야 한다.

[논제 1]은 중학교 학생들에게 맞는 논술형 문항이다. 즉 논제가 '(가)의 연구 태도의 효용성을 오늘날 학문 추구 현상과 관련지어 밝히고,

그에 대한 자신의 견해를 제시하시오. (분량 500자 내외)'이기에 초등학생에게는 연구 태도의 효용성, 오늘날의 학문 추구 현상 등이 어려운 말일 수 있기 때문이다. 논제로는 좋을 수 있으나 수준이 높다는 측면에서 초등학생에게는 맞지 않는 것이다. 만약에 초등학생의 논술형 평가로 재조직한다면 어떻게 될까. 즉 (가)의 박제가의 연구 태도는 박제가가 연구하는 대상에 집중하여 하나가 되는 모습을 보인다. 박제가가 자신만의 최고의 경지에 이루기 위해서 노력하는 자세를 보인 것이다. 그 결과로 자신만의 창의적인 결과물을 이룩할 수 있다는 것이다. 그렇다면 초등학생에 해당하는 창의성의 논술형 문항은 '(가)의 박제가의 연구 태도는 학문에 대한 열정이 보이고 있다. 그런 점에서 자신에게 필요한 학습 태도에 대한 생각을 논술하시오' 정도가 좋다. 물론 점수를 내기 위한 논술형 평가보다는 수업시간에 모의고사 형태로 보는 논술형 평가에서 더 효율적이다.

컨설팅 유의점 2 지식보다는 다른 분야에 적용이 가능한 창의적 능력을 측정해야 한다.

(가)의 박제가의 학문에 대한 연구 태도의 효용성과 오늘날 학문 추구의 일반적인 현상은 서로 부합되지 않는다. 논술은 특성상 대조의 기법이 자주 활용되는데, 이 논술 문항에서도 박제가의 학문에 대한 열정적인 연구 태도와 오늘날의 신분 향상을 위한 학문의 추구 현상이 대조로 제시되고 있다. 그런 관점에서 두 현상의 차이를 통한 자신

의 견해를 논술한다는 것은 창의적 사고의 출발에 해당된다. 학생들은 일반적으로 자신의 견해 제시에 자유로움을 느끼는데 그러한 마음이 창의적 사고를 할 수 있는 분위기를 만들어낸다. 우리 교사들이 창의성을 키우기 위한 논술형 평가를 컨설팅 할 때는 이 점을 명심해야 한다. 창의적 사고의 중요성을 분명히 알고 그러한 요소들이 문제에 포함됐는지 살펴보는 일이다.

컨설팅 유의점 3 논술과 교과를 통합한 수업을 통해 학습 결과를 측정할 수 있는 문항을 출제해야 한다.

[논제 1]이 창의성을 키울 수 있는 문항으로 인정받으려면 학생들이 수업시간에 학문 연구에 열정으로 몰두하여 최선을 다한 학자나 주변의 위대한 사람을 배웠어야 한다. 또한 학생들이 성공적인 삶을 추구하여 삶의 가치를 느낀 각 분야의 세계적인 인물들을 알고 있어야 한다. 나아가 유명인은 아니지만 나름의 불굴의 노력으로 성공적인 사람의 반열에 올랐던 위인들의 내용을 수업시간에 학습했어야 한다. 그러므로 박제가의 학문 추구의 열정에 대한 논술 답안의 내용이 교과 학습 이론, 원리의 구체적 결과가 된다. 즉 교과 학습의 핵심적 내용의 사례가 바로 박제가의 학문 연구의 열정적, 의지적 태도가 된 것이다. 가장 좋은 것은 교과 학습의 핵심적 내용이 다른 분야로 확대 적용되어 다른 결과물을 창의적으로 산출하는 경우이다. 논술형 문항의 답안에서 다른 사례, 다른 분야, 다른 시대, 다른 공간의 내용을 다루고

있어도 교과 내용의 핵심 원리는 그대로 이어져야 하는 것이다.

컨설팅 유의점 4 가능하면 채점기준 및 문항점수를 미리 제시하고, 논술형 모의 평가를 실시해야 한다.

초·중학생들에게 논술형 문제와 답안 작성과 관련한 구체적인 채점 기준의 제시는 오히려 논술에 대한 호기심을 잃게 하는 수가 있다. 가급적이면 자유스럽게 글을 쓰게 하는 것이 좋고, 철저한 기준에 의한 논술형 답안의 채점보다는 융통성을 가지고 채점하는 것이 좋다. 그 이유는 '자신의 생각을 마음껏 적었더니 만족할 만한 점수를 받았다'는 생각을 했을 때 학생들이 논술을 하고 싶었다는 통계 기록도 있기 때문이다. 그런 관점에서 초·중학생들에게는 가급적 논술형 평가의 채점 기준 및 문항 점수를 미리 공개하되 너무 구체적이지 않아야 좋다. 더 중요한 것은 가능한 많이 논술형 모의 평가를 실시해야 한다는 점이다. 특히 자신의 교과 수업시간에 10분 정도 논술형 모의평가를 실시하면 교과와 논술을 통합한 통합형 수업이 되기 때문에 일석이조의 효과를 거둘 수 있다. 학생들에게는 익숙한 것이 우호적인 분위기를 만든다는 것을 명심하면 된다.

컨설팅 유의점 5 창의성을 키우는 논술형 평가의 배점에서 반드시 부분 점수에 대한 부분 점수를 부여해야 한다.

[논제 1]은 논술형 평가 시에 적용할 부분적인 배점이 부여되지 않았다. 아무리 창의적인 논술형 평가라고 해도 논술 답안의 큰 흐름을 잡아줄 평가 배점의 기준이 제시돼야 한다. 그러한 점에서 [논제1]의 '(가)의 연구 태도의 효용성을 오늘날 학문 추구 현상과 관련지어 밝히고, 그에 대한 자신의 견해를 논술하시오. (배점 30점/분량 500자 내외)'는 이러한 점에서 미흡하다 하겠다. 그렇다면 어떻게 하면 될까? [논제 1]의 아래에 다음과 같은 부분점수에 대한 부분 점수를 〈조건〉으로 제시하면 좋다.

논제 1 (가)의 1) 연구 태도의 효용성을 2) 오늘날 학문 추구 현상과 관련지어 밝히고, 그에 대한 3) 자신의 견해를 논술하시오. (〈조건 참조〉)
배점 30점/분량 500자 내외

〈조건〉
1) 연구 태도의 효용성(10점/7점/4점/0점)
2) 오늘날 학문 추구 현상(10점/7점/4점/0점)
3) 그에 대한 자신의 견해(10점/7점/4점/0점)

논제 2 (나)의 박제가의 말의 근본적인 원인을 오늘날의 상황을 통해 밝히고, '우리나라는 교육열이 높다'는 말에 대하여 비판하시오. (분량 자유)

[해　설] 오늘날의 학문 추구는 신분 상승의 욕구와 관련된다. 우수한 인재들이 취업을 위한 명문대 입학이나 출세가 보장되는 고시에 매달리는 경향에서 확인된다. 그런 상황에서는 고액의 족집게 과외가 성행할 수밖에 없다 그 결과 진정한 학문 추구의 정신을 가진 학자는 소수에 그친다. 이런 관점에서 '우리나라는 교육열이 높다'는 말에 비판이 가능하다. 진정한 교육열은 순수한 학문의 목적이 붐을 이룰 때 쓰이는 말이다. 그러나 우리나라는 신분상승을 목적으로 하는 학문 추구가 대다수다. 취업이 어려운 불경기에 어쩔 수 없다고 하지만 학문의 본질을 외면했다는 점에서 수용이 힘들다. 그런 점에서 볼 때, 우리나라는 교육열이 높은 것이 아니라 '교육열이 낮은 나라'일 뿐이다.

컨설팅 유의점 1 평가하려는 학생 집단의 수준 및 특성을 고려해야 한다.

[논제 2]는 박제가의 말의 원인을 오늘날의 상황과 관련시켜 이해해야 한다. 나아가 오늘날 상황의 구체적 사례인 '우리나라는 교육열이 높다'는 현상을 비판하라는 논술형 문항이다. 분명히 어려운 논술형 문항이다. 한 문항에 세 가지의 부분 문항을 연결 지어 묻고 있기 때문이다. 그러나 학생들의 수준에 맞는다는 것은 무엇을 말하는가. 여기서는 좀 다른 관점에서 얘기를 하려고 한다. 학생들이 평소 알고 있는 배경지식을 묻는 것이 아니다. 논술형 평가에서는 자신의 교과수업에 논술을 통합시켜 이미 통합수업을 했다면 초등학생에게도 훌륭한

논술형 문제가 된다. 그러나 고등학생에게 논술을 통합한 교과수업을 하지 않고, 교사중심수업으로 교과서만으로 수업을 했다면 이 논술형 문항은 수준에 맞지 않은 것이다. 우리 교사들, 스스로에게 자문해 볼 필요가 있다. 지금 학생들이 보는 논술형 평가는 자신의 수업시간에 논술과 관련지어 수업을 한 것인가. 아니면 학생들이 한 번도 생각하지 못했던 그런 논술형 문항인가. 초등학생이건, 중등학생이건 학생들의 수준에 맞는다, 맞지 않는다는 결국 우리 교사들의 수업 여부에 달려있는 셈이다.

컨설팅 유의점 2 지식보다는 다른 분야에 적용이 가능한 창의적 능력을 측정해야 한다.

[논제 2]는 부분적으로 서술형과 논술형이 결합돼 있다. 박제가의 말의 근본 원인은 서술형의 문제이고, 오늘날의 상황과 '우리나라는 교육열이 높다'라는 말을 비판하는 것은 논술형에 속하기 때문이다. 이런 논술형 문항은 교육청 등에서 권장하는 논술형 평가 문항의 형식에 속한다. 그러나 창의성을 평가하는 목적으로 논술형 평가의 입장에서 볼 때는 이 문항에서 완전한 자유로움을 느낄 수 없다. 학생들이 조건과 같이 정해진 틀에 일부가 구속되어 답안을 작성해야 하기 때문이다. [논제 2]의 '오늘날의 상황'과 '~비판하시오'라는 말이 그렇게 느껴지게 한다. 그럼에도 이 논술형 문항은 다른 분야에 적용이 가능한 창의적 능력을 가지고 있다. 특히 '우리나라는 교육열이 높다'라는 내용에

서 학생들의 창의성, 자신만의 관점을 요구하고 있다. 우리들의 생각에는 '우리나라는 교육열이 높다'는 것이 상식에 속한다. 그러나 이 논술형 문항은 '우리나라는 교육열이 높다'는 상식적인 관점을 비판하라는 것이기 때문에 창의적인 논술형 문항에 속한다. 또한 우리나라의 교육열과 관련한 상식을 뒤엎는 사고는 많은 분야로 확대 적용할 수 있어 일회성이 아닌 다회성 논술 평가로 이어지게 한다. 이 [논제 2]가 더 논술적인 문항이 되게 하기 위해서는 "(나)의 박제가의 말의 근본적인 원인을 오늘날의 상황을 통해 밝히고, '우리나라는 교육열이 높다'는 말에 대하여 비판하시오. (분량 자유)"에서 '비판하시오'를 '자신의 견해를 논술하시오'라고 수정하면 된다.

컨설팅 유의점 3 논술과 교과를 통합한 수업을 통해 학습 결과를 측정할 수 있는 문항을 출제해야 한다.

[논제 2]는 [해설]에서도 볼 수 있듯이, 오늘날 대다수는 학문의 본질의 추구가 아닌 신분상승의 욕구로 학문을 추구하는 것을 비판하는 것이다. 교과수업에서는 학문의 본질 등을 다양한 사례를 통해 학습할 수 있다. 성인의 사상과 외국의 사례 등을 통해 학문의 본질을 다룰 수 있기 때문이다. 그러나 논술에서는 학문을 신분상승의 도구로 사용하는 현실을 다룰 수 있다. 논술은 항상 주어진 대상이나 상황에서 문제점을 끄집어내고 해결방안을 제시하는 것을 본령으로 삼는다. 대상과 상황에 대한 비판적인 사고력이 필요한 부분이다. 그렇다면 우

리 교사들이 수업시간에 '학문의 목적, 학문의 효용성, 학문의 이해' 등과 관련지어 다양한 수업을 진행할 수 있다. 그러나 이것으로 수업이 끝난다면 오늘날 현상에 대한 비판적인 시각은 다루지 못한 반쪽 수업이 된다. 논술은 항상 주어진 원리나 법칙으로 현실의 문제를 다룬다는 특징이 있다. 그런 점에서 수업을 통한 학습의 결과를 오늘날의 사례를 통해 분석하고 자신의 견해를 제시한다는 논술형 평가로 연관 짓는 것은, 창의성을 키울 수 있는 논술형 평가에 해당한다.

컨설팅 유의점 4 가능하면 채점기준 및 문항점수를 미리 제시하고, 모의고사 논술형 평가를 실시해야 한다.

항상 그렇지만 교과수업 중에 논술형 모의고사를 보는 것이 좋다. 논술 모의고사는 학생들에게 논술형 평가에 대해 이해하게 하고 결국 좋은 평가 방법이라는 것을 알게 한다. 그러면서 학생들이 제출한 답안에 대해 칭찬 위주로 평가를 후하게 주는 것이 필요하다. 창의성을 평가하는 논술형 평가가 어느 정도 주관성을 지니고 있다면 더더욱 그런 평가 방식이 필요하다. 특히 제시문의 경우를 그 시간에 배운 교과의 핵심 내용으로 하고, 학생들이 관심을 가지고 있는 시사 이슈 등을 결합하여 만든다면 더 좋을 것이다. 학생들이 관심을 지니는 이슈를 통해 관심을 불러일으키고, 그 호기심을 교과수업의 핵심 내용으로 옮아가게 하여 자연스럽게 논술답안을 작성하도록 하게 한다. 그런 점에서 초등학생들에게는 그림과 함께 우화의 내용이 흥미를 불러일으키는 제시문으로 좋다. 또한 중학생들에게는 신문 기사나 학생들과 간접적으로 관련된 시사이슈 등을 제시문으로 제시하면 그 효과가 크다. 즉 두 개의 제시문을 구성한다고 할 때 (가) 교과의 핵심 내용 (나) 우화나 신문 기사, 시사이슈로 하면 좋다.

컨설팅 유의점 5 창의성을 키우는 논술형 평가의 배점에서 반드시 부분 점수에 대한 부분 점수를 부여해야 한다.

[논제 2]의 논제인 '(나)의 1) 박제가의 말의 근본적인 원인을 2) 오늘날의 상황을 통해 밝히고, 3) '우리나라는 교육열이 높다'는 말에 대하여 비판하시오. 4) (분량 자유)'의 채점 기준은 다양하게 제시할 수 있다. 위에서도 언급했듯이 창의성을 키우는 논술형 평가는 부분 점수에 대한 부분 점수를 부여해야 한다고 말했다. 그런데 여기서는 '4) 분량 자유'라는 부분이 새롭게 느껴진다. 점수를 매겨 석차를 정하여 당락을 가르는 논술형 평가에서는 (분량 자유)라는 조건은 모험이기도 하다. 그런데 일부 대학들은 '분량 자유'라는 조건을 다는 경우도 있어 이제 비로소 논술이 정상 궤도에 오르고 있는 느낌을 준다. 논술형 평가에서 답안 분량을 정한다고 할 때 학생들에게도, 평가하는 교사들에게도 고역이 될 수도 있다. 그것의 대표적인 방식은 숫자가 인쇄된 원고지를 주거나 '몇 문장으로 작성하시오'라는 조건을 주는 것이다. 그러나 창의성을 키우는 논술형 평가에서는 분량의 제한을 주지 않는 것이 좋다. 그 이유는 논술형 평가에서 창의성 평가가 주목

적이라면 분량의 문제보다 대상을 바라보는 시각의 차이가 더 중요하기 때문이다.

〈조건〉

1) 박제가의 말의 근본적인 원인(10점/7점/4점/0점)

2) 오늘날의 상황을 통해 밝힘(5점/3점/1점/0점)

3) '우리나라는 교육열이 높다'는 말에 대하여 비판
   (15점/10점/6점/0점)

4) 분량 자유(점수 배점 없음)

III

창의적인
논술 사고의 방법

1. 고정관념을 깨야 창의적 생각이 터진다

우리는 매사를 고정관념을 갖고 판단한다. 그리고 그 결과에 안심한다. 고정관념을 통한 판단은 사회적으로 인정된 지식이기에 나중에 문제가 될 가능성이 적기 때문이다. 그러나 논술 답안을 쓸 때 이런 식의 사고방식은 뻔한 내용이나 주장으로 일관할 위험성을 키운다. 자신의 독창적인 생각이 아니기 때문에 고득점을 받기도 어렵다. 소금이 짜다고 주장한들 누가 귀를 기울이겠는가.

여기 '쓰레기통'이 있다고 치자. 쓰레기통에 대한 상식은 쓰레기를 담는 통이다. '쓰레기는 더러운 것'이라는 통념으로 쓰레기통을 바라보면 그것은 그냥 쓰레기통일 뿐이다. 이런 고정관념은 겉으로 드러난 현상만을 바라보면서 형성된다.

만약 쓰레기통을 내 몸이라고 생각하면 어떨까? 나의 분신이라고 봐도 괜찮다. 현재 내 책상 옆에 있는 쓰레기통엔 무엇이 들어 있는가. 내게 비염이 있으니 아마도 콧물과 가래 묻은 휴지가 들어 있을 것이다. 나의 건강 상태를 쓰레기통이 말해주고 있는 셈이다.

그 속에 신경질적으로 구겨진 원고 뭉치가 들어 있다면? 쓰레기통 안의 원고 뭉치는 내가 '고통스럽게 노력한 작업'의 흔적이다. 치열한 내 삶의 모습인 것이다. 이렇게 조금만 관점을 달리해서 보면 쓰레기통은 단지 더럽기만 한 것이 아니라 내 삶을 평가하는 척도가 된다.

우리에겐 작고 힘없는 대상을 무시하는 경향이 있다. 이런 대상은 소수이며 사회적인 힘도 갖지 못하고 있다. 다수에게 밀려 변두리로 쫓겨나 있는 그들은 종종 법의 보호도 받지 못한다. 이런 소수에게도 나름의 삶의 가치가 엄연히 있는데 사회는 왜 그들을 인정하지 않는 것일까? 작고 힘없는 상대는 우습게 봐도 된다는 편견이 개입된 것은 아닐까? 그렇다면 이들 역시 사회적으로 형성된 고정관념의 피해자인 셈이다.

농촌에서 살아본 사람들은 대부분 기억하는 것이 있다. 밭에 고추를 키우는 얘기다. 다른 밭작물도 마찬가지지만, 개중엔 키가 작고 줄기도 땅딸막하게 비틀어져 볼품없는 녀석이 있다. 다른 튼튼한 고추에 비해 이 녀석은 힘겹게 살아가는 모습이 역력하다. 몇 개 안 되는 잎도 오그라들어 왠지 생기가 없어 보인다. 그러나 이 녀석은 어느 틈엔가 남보다 빨리 한두 개의 빨간 주머니를 매단다. 모든 힘을 고추 키우기에 쏟아 부은 결과다. 이런 생명의 치열함에서도 삶의 아름다움을 엿볼 수 있지 않은가?

사람도 마찬가지다. 그동안 소수자는 나름대로 치열한 삶을 살아왔다. 예컨대 트랜스젠더, 동성애자, 혼혈아, 외국인 노동자들이다. 우리가 관점을 달리해 그들 삶의 내면을 들여다보면 왜소한 고추와도 같은 그들의 치열한 삶을 엿보게 될 것이다. 그렇게라도 살지 않으면 그들은 이 사회에서 발을 붙일 수 없다. 이런 소수자들도 우리 사회에서 당당한 한 축으로 서야 한다는 것은 지극히 당연한 일이다.

논술에서 가장 중요한 것은 창의력이다. 창의력에 대한 평가에는 자기 주장에 대한 참신한 사례를 제시하는 것도 포함된다. 누구나 아는 사례가 아니라 자신이 찾아낸 독특한 사례를 제시할 때 더 높은 점수를 받을 수 있음은 당연하다. 어떤 논제에 대해 자신만의 독창적인 주장을 펼치는 것도 중요하다. 이때는 객관적 사례 등을 동원해 자기 주장을 뒷받침해야 한다.

대부분의 논술을 공부하는 학생들에게는 이런 점이 부족하다. 그저 상식적인 주장을 하고, 누구나 다 아는 논거를 제시할 뿐이다. 물론 이는 학생들만의 잘못이 아니다. 창의력이 중요하다고만 했지 창의력을 키우는 구체적인 방법을 제시하지 못한 학교 교사들의 책임도 크다.

창의력을 키우려면 무엇보다 주변의 사물을 다른 관점으로 보려는 자세를 지녀야 한다. 그럴 때 쓰레기통에서 삶의 흔적을 확인하고, 비틀어진 고추에서 삶의 역동성을 발견할 수 있게 될 것이다.

2. 고정 관념은 깨뜨리기 위해 존재하는 것이다

　미래의 컴퓨터는 어떻게 진화할까? 학생들은 이런저런 답변을 내놓는다. 그러나 여간해서는 바뀌지 않는 답변 중 한 가지는, 컴퓨터는 항상 책상 위에 놓여 있거나 들고 다녀야 하는 물건이라는 점이다. 하지만 이런 답변은 자신의 사고 폭이 좁다는 것을 광고하는 일밖에 안 된다. 학생들은 컴퓨터에 대한 기존 고정관념을 그대로 둔 상태에서 답변한 것에 불과하기 때문이다. 예컨대 책상 위의 컴퓨터에서 옷처럼 '입는' 컴퓨터로 생각을 바꾼다면 어떻게 될까? 다음 글은 '입는 컴퓨터'의 미래상을 묘사하고 있다.

　(…) 대표적인 것이 '입는 컴퓨터(Wearable Computer)'다. 옷의 곳곳에는 전자 칩과 디바이스들이 달려 있다. 디바이스는 디바이스끼리 통신을 한다. 입는 컴퓨터 착용자의 심박동, 혈당, 체온 등이 파악돼 신체 정보가 주치의에게 항상 전달, 문제가 생기면 즉시 치료가 가능하다. 옷에 내장된 MP3 플레이어는 원하는 노래를 언제든지 듣게 해준다. 안경은 HD 텔레비전 역할을 하고, 언제 어디서든 텔레비전을 보고 인터넷에 접속하게 된다.

　컴퓨터가 인간의 상태를 스스로 파악한다는 것이다. 훗날 이런 컴퓨터가 등장하면 의사와 환자의 관계도 근본적인 변화를 겪게 될지 모른다. 즉, 환자가 의사를 찾아가던 방식에서 반대로 의사가 환자를 부르는 관계로 바뀔 수 있다는 것이다. 바로 이런 식의 발상에서 창의성은 태어난다.

학생들도 기존에 당연하다고 생각했던 것을 바꿔보겠다는 과감성이 필요하다. 세상의 모든 것은 결국 바뀌기 위해 존재하는 것이다. 역사적으로 볼 때 모든 사물의 기능은 사회 변화의 요구에 의해, 그리고 사회 변화를 위해 항상 바뀌어왔다.

예컨대 사람의 다리는 걷는 기능을 수행한다. 너무나 당연한 이 말에 반박할 사람은 없다. 하지만 그렇기 때문에 이런 식의 대답은 재미가 없다. 이렇게 보면 어떨까? 여자의 다리는 '남에게 보여주기 위한' 기능을 한다고. 누구나 아름다운 다리를 과시하고 싶은 욕망이 있다. 이는 자동차가 인간의 걷는 기능을 상당 부분 대신하게 됨으로써 얻어진 결과가 아니라, 사회·문화적인 개방성에 따라 변화된 인간의 욕구를 반영하는 것이다.

옷의 전통적인 기능은 신체를 보호하고 아름다움을 나타내는 것이었다. 하지만 이런 식의 답변 또한 너무나 진부하다. 차라리 '벗기 위해 옷을 입는다'라고 생각을 바꿔보면 어떨까? 옷에 대한 역발상적 접근이 주목을 받을 것이다. 여러 가지 흥미로운 설명도 덧붙일 수 있지 않겠는가.

모 제약회사는 그동안 상식처럼 돼 있던 '알약으로 먹는 비타민제'를 '마시는 비타민제'로 발상을 바꾼 제품을 내놓아 큰 성공을 거뒀다. 여기서 우리는 '비타민제는 알약'이라는 고정관념을 버린 창의적 발상에 주목할 필요가 있다. 이처럼 소비자의 주목을 받는 제품의 개발이나 기발한 마케팅 전략의 뒤에는 항상 창의적인 역발상이 자리 잡고 있는 예가 허다하다.

미래의 TV는 어떻게 바뀔 것인지 학생들에게 질문을 던져본다. 단순히 TV의 기능이 확대된다는 식으로 답변해서는 좋은 점수를 받을 수 없다. 먼저 시청자라는 말부터 바꾸어야 하지 않을까? 시청자라는 말은 기존 개념을 규정하는 표현이기 때문이다. 그렇다면 '미래의 TV에서 시청자는 간접적인 출연자가 된다'고 대답하면 어떨까? 월드컵 경기를 시청할 때 일부 관중이 멀티비전에 등장하는 것이 한 가지 예가 될 것이다. 이것이 기술적으로 진보하면, 안방의 시청자가 동시에 간접적인 출연자가 되는 TV도 상상할 수 있지 않을까. 어찌 됐든 TV가 변화의 물결을 타고 있는 것은 분명한 사실이다. 그리고 그 변화의 방향을 결정하는 것이 바로 창의성인 것이다.

논술 답안 쓰기도 마찬가지다. 자신의 관점에 새로운 발상을 덧붙일 때 참신하고 독창적인 사고를 얻을 수 있다. 설령 논리는 조금 치밀하지 못해도 독창성이 뛰어난 답안이 고득점을 받을 수 있다는 사실을 학생들은 명심해야 한다.

3. 모든 대상과 현상에 양면성으로 접근하라

학생들이 논술을 공부하면서 흔히 접하는 어휘가 있다. '양면성'이다. 양면성이란 '한 가지 사물에 속해 있지만 서로 맞서는 두 가지 성질'을 말한다. 우리는 양면성을 '장점과 단점'으로도 이해한다. 양면성에서 학생들이 흔히 범하는 잘못은 '단점'을 극복해야 할 대상으로만 단정해버린다는 점이다. 또한 학생들은 이미 규정된 양면성은 쉽게 수용해도 스스로 양면성을 창조하지는 못한다. 학생들이 창의적 발상이 습관화되지 못했기에 생긴 결과다. 양면성을 말할 때 흔히 제시되는 우화를 보자.

목이 몹시 말라서 물을 찾던 수사슴이 샘물을 찾았다. 물을 실컷 마신 수사슴은 샘물에 비친 제 모습을 보게 되었다. '내 뿔이야말로 정말 일품이지. 기묘하게 갈라지고 억세게 생긴 이 뿔! 얼마나 자랑스러운가.' 샘물에 비친 뿔을 내려다보며 황홀경에 빠진 사슴 옆에 느닷없이 사자가 나타났다. 질겁한 수사슴은 숲 속으로 도망쳤다. 사자의 걸음으로는 사슴을 따라잡을 수가 없었다. 그러나 사슴의 뿔이 그만 나뭇가지에 걸렸다. 마침내 사슴은 사자에게 잡히고 말았다.

수사슴의 아름다운 뿔은 암컷을 유혹해 종족을 번식시키는 데는 유용하지만, 그 뿔로 인해 죽음을 당해야 하는 정반대의 결과를 초래한다. 상식적인 생각에 매몰된 학생이라면 수사슴이 살기 위해서는 뿔을 잘라야 한다는 극단적인 주장도 내놓을 법하다. 그러나 뿔이 잘린 수

사슴은 수사슴의 본질을 상실한다는 점에서 이는 창의적인 주장이 아니다.

여기서 우리는 양면성이 주는 본질을 수용할 필요가 있다. 그 사례로 사자가 임팔라라는 초식동물을 잡아먹는 경우를 들 수 있다. 상식적이라면 임팔라를 살리기 위해서는 사자를 죽여야 한다. 그러나 양면성으로 접근하면 임팔라 집단을 유지하려면 사자가 일정 수의 임팔라를 계속 잡아먹어야 한다는 결론을 얻을 수 있다. 일부가 사자에게 잡아먹힘으로써 임팔라 개체 수가 조절돼 전체를 살리는 장점으로 작용하기 때문이다. 그런 점에서 "학생 수준의 상식을 바탕으로 옳고 그름에 집착하는 극단적 사고를 버리고, 역지사지易地思之의 마음으로 가능한 상황을 두루 고려하는 감수성을 가지는 것이 창의성의 출발이다"(동국대 이철한 광고홍보학과 교수)라는 말에 주목할 만하다.

대부분의 사람들은 죽음을 인생의 끝이라고 생각한다. 죽음은 극단적인 기피 대상이다. 그런 죽음을 창의적인 사고로 접근할 수는 없을까? 죽음을 소유론으로 보면 두려움의 대상이지만, 존재론으로 보면 두렵지 않다. 간단히 말해 소유론은 이기적 욕망으로, 존재론은 이타적 욕망으로 규정할 수 있다. 상식적인 사고가 소유론이라면, 창의적인 사고는 존재론이다. 존재론으로 접근한 죽음관이 죽음의 공포를 초월해 우리 삶을 건강하게 보살핀다.

우리는 몸의 피로현상을 부정적으로만 생각한다. 그러나 달리 보면 '몸이 스스로 건강상태를 체크해 우리에게 휴식을 권고하는 것'이 피로다. 내 몸이 의사가 되어 건강을 위해 스스로 내린 처방과 같다. 만약 우리 몸에 피로현상이 없다면 어떤 일을 무리하게 하다가 아무 경고도 없이 갑자기 죽어버릴 것이다. 즉, 피로현상은 몸을 혹사하지 말고 이젠 건강상태를 돌보라는 최후의 경고다. 만약 학생이 피로현상에 대한 개인적 견해를 묻는 논술문제에 이렇게 답했다면 고득점을 기대해도 좋을 것이다.

학생들은 대부분 사회·문화 현상을 단편적으로 해석한다. 이런 사고방식은 창의적인 결과보다는 상식적인 결과를 얻는 데 그친다. 모든 사회·문화 현상을 양면성으로 접근해 분석해보자. 거기서 뜻밖의 독창적 사고를 얻을 수 있다. 대상에 대한 다양한 상황의 적용은 창의적 발상을 가능하게 하는 기폭제가 된다.

학생들이여, 영화 '괴물'에 대한 생각을 해보자. 최단기간에 1000만 관객 돌파에 성공한 영화라는 한 가지 생각뿐인가? 그러면 안 된다. 반대의 경우도 생각해야 한다. 작품성 있는 다른 작은 영화들이 '괴물' 때문에 스크린에서 사라진다는 등의 양면성까지 끄집어낸다면 어떨까? '괴물'이 영화판의 괴물이 될 수도 있음을 인식해야 한다.

4. 창의논술 사고 첫걸음, '정답'을 피해가라

학생들에겐 대상의 속성을 통한 통합적 사고가 부족하다. 학생들은 대상의 현상을 보고 나름대로 생각을 연결할 수는 있지만, 대상의 속성을 통한 사고의 연결은 어려워한다. 창의적 사고에 익숙하지 않기 때문이다. 대상들의 속성을 관련시키는 사고는 창의적 사고와 맥이 닿아 있다. 학생들은 외형적으로 조합이 가능하다고 생각되면 이를 그대로 수용해버리는 경향이 있다. 이는 상식적인 사고에 해당한다. 이것이 학생들에게 창의적 사고가 싹트기 어려운 일차적인 이유가 된다. 다음 글을 보자.

사물과 사물 사이에 나타나는 연결고리를 둔다. 사물들의 최초의 결합이다. 가장 최소단위의 사실이라고 해서 '원자적 사실'이라고 부를 수 있다. 사태들이 지닌 속성은 이미 사물들에 포함되어 있다. '그릇'이라는 사물과 '뼈'라는 사물이 만나면 거기에서 다양한 사실들이 생겨날 수 있다. 그러나 그 사실들은 각각 사물들이 지닌 속성의 연관관계, 즉 사태(원자적 사실)가 없다면 성립될 수가 없다. '그릇'이 지닌 '담는다'라는 원자적 사실과 '뼈'가 지닌 '담긴다'라는 원자적 사실이 만나면 '뼈가 그릇에 담겨 있다'라는 하나의 사실이 된다. 이 사실(혹은 명제)은 두 사물이 만들어낼 수 있는 수많은 사실 중에서 단 하나다.

– 비트겐슈타인 『논리철학논고』

위 글은 심오한 철학적 내용을 담고 있다. 그러나 여기서는 논술적 사고의 측면에서 '속성'의 측면만을 생각해보기로 하자. 상식적으로 생각하면 '그릇과 뼈'는 이질적인 대상이다. 그러나 이 두 대상의 많은 속성을 염두에 두고 사고하면 관련성을 읽어낼 수 있다. '담는다'와 '담긴다'의 속성이 그중 하나다. 학생들이 사고를 확장시켜 여러 속성들을 상상해내고, 이를 서로 관련지으면 다른 대상들을 창출해낼 수 있다. 이것이 바로 창의성을 일으키는 발상이다.

우리는 애완동물이라고 하면 상식적으로 개를 먼저 떠올린다. 그 근거로 강아지의 귀여운 외모와 행동을 든다. 현상적 측면에 의한 판단이 상식적인 사고를 가져다준 결과다. 그러나 오늘날 일부 사람들에게는 뱀도 애완동물로 각광받고 있다. 그들은 뱀의 속성이 깨끗함을 즐겨 한다는 것을 주된 이유로 댄다.

우리는 대부분 애완동물로 개를 키운다고 하면 관심을 갖지 않다가 뱀을 키운다고 하면 흥미를 보인다. 왜 그럴까? 흥미의 뿌리를 상식적이고 외형적인 현상에서가 아니라 내부적 속성에서 찾았기 때문이다.

여기서 중요한 것은 외형적인 모습과 내부적인 속성이 정반대일 때 더 큰 흥미를 유발한다는 점이다. 인간과 뱀은 외형적으로 잘 어울리지 않는다. 이는 상식적 사고다. 그러나 속성적으로 판단하여 그 관계의 여러 가닥을 잡아내면 잘 어울릴 수 있는 관계를 새롭게 창출해낼 수 있다. 이것이 창의적 사고다.

우리는 '맛없는 집'이라는 상호가 붙은 음식점을 보고 고개를 갸우뚱거린다. 눈에 보이는 글자 그대로 받아들이면 정말 '맛없는 음식점'이다. 이는 상식적인 판단이다. 일반적으로 음식점은 음식이 맛있다는 점을 극대화해 미식가들의 입맛을 당기게 이름을 짓는다. 즉, 맛을 강조하기 위해 간판의 내용과 음식의 맛을 일치시켜 짓는다. '맛없는 집'이라는 간판은 외형적으로는 그 반대 경우다. 도저히 어울리지 않는다. 그러나 우리는 '맛없는 집'이라는 간판 속에서 '당당함'이라는 속성을 읽어낼 수 있다. 얼마나 음식맛이 좋으면 '당당하게' 맛없는 식당이라고 이름을 지었을까? 우리는 이런 창의적 발상에 호기심을 느낀다.

통합논술도 마찬가지다. 학생들이여, '논술적 사고는 정답을 피해가야 한다'는 말을 명심하기 바란다. 우리가 아는 정답이란 상식일 뿐이기 때문이다. 이런 맥락에서 김경범 서울대 입학관리본부 연구교수는 "통합논술에서 좋은 점수를 받으려면 정답에 대한 집착에서 벗어나야 한다"고 말했다. 이어 김 교수는 "당연하고 획일적인 답에서 벗어나 자유로운 생각을 바탕으로 학생 고유의 의견을 펼쳐보여야 한다"고 강조했다. 우리는 이 말에 주목할 필요가 있다. 학생의 자유로운 생각과 독자적인 의견은 '대상에 대한 다양한 속성 파악'에서 나온다.

학생들이여, 이 글을 읽는 지금 외형적으로 대조되는 두 대상을 떠올려보자. 그 두 대상에서 가능한 한 많은 속성들을 상상해 연결해보자. 또한 속성들의 관계를 연결짓고, 이를 나만의 생각으로 '사실화'해보자. 그런 과정을 통해 '원시인과 문명인의 통합'을, '아날로그와 디지털의 통합'을, '수학과 문학의 통합' 등을 읽어낼 수 있을 것이다.

5. 예술 작품에서 여백의 미에 의미를 부여하라

　학생들에게 '미남은 누구인가'라는 질문을 던져본다. 학생들은 십중팔구 매스컴을 통해 이름이 알려진 연예인을 지목한다. 물론 맞는 말이다. 그러나 아쉽게도 그렇지 못한 연예인에게서 독특한 이미지를 발견해내는 학생은 거의 없다. 대부분의 학생들에게는 미美를 바라보는 고정된 가치관만이 존재할 뿐이다. 다음 글을 보자.

　하회탈에는 어느 고장에도 없는 미완성의 탈이 있다. 그것은 '이매탈'이다. 완성된 것이 가치 있는 것이라면 미완성된 것은 뭔가 불완전하고 미흡한 것이므로 가치를 평가 절하하는 것이 일반적이다. 이것은 완성과 미완성, 완전과 불완전에 대한 일반적 이해다. 만일 우리가 그러한 시각으로 하회탈을 본다면 하회탈의 진짜 멋을 우리 눈으로 자리매김할 수 없다. 아름답고 가치 있는 것은 이미 정해져 있다는 전제 아래 그 전제를 상투적인 근거로 들이대는 일은 대상에 대한 새로운 이해의 길을 가로막는다. … 이러한 관점에서 시각을 다듬고 보면 이매탈이 별나게 멋스러워 보인다. 그의 얼굴을 보면 누구든지 세상 근심을 잊고 미소를 머금게 한다. 보는 이를 행복하게 해주는 얼굴이야말로 그가 바보든 깨달은 자이든, 가장 훌륭한 얼굴이 아니겠는가? 그렇다면 이매탈은 바보스럽게 사는 삶의 행복을 우리에게 일깨워주는 동시에, 어리석은 자가 곧 깨달은 자라는 현우일여賢愚一如의 경지를 보여주는 탈이라 할 수 있다.

－ 임재해 「하회탈의 도드라진 멋과 트집의 미학」

이 글은 하회탈춤에 쓰이는 바보탈인 이매탈에서 미를 끄집어낸 경우다. 이매탈은 턱이 없어 미완성의 탈로도 불린다. 상식적으로 보면 아름다움과는 거리가 먼 탈이다. 그러나 임재해 교수는 하회탈 9개 중 최고 아름다운 탈로 이매탈을 지목한다. 바로 대상을 창의적으로 접근한 결과다.

창의논술도 마찬가지다. 대상에 대한 가치가 이미 규정돼 있는 것을 자신의 생각으로 적은 답안은 기본보다 높은 점수를 받기 어렵다. 이미 존재하는 사실을 자기 주장의 근거로 제시할 수는 있어도 자신의 생각으로 대체할 수는 없기 때문이다. 이때 자신만의 주장을 만들려면 미완성, 미해결된 대상에서 최고의 가치를 생성해내는 것도 한 가지 방법이다. 이는 고도의 창의성을 발현한 경우다. 우리는 이런 발상을 통해 완전한 대상을 뛰어넘는 초월적인 미를 창조해낼 수 있다.

문학 작품의 예를 들어보자. 소설에 등장하는 미완의 대상으로 '바보' 등장인물을 생각해볼 수 있다. 바보는 대부분 웃는 얼굴을 하고 있으며 마음이 평화로워 보인다. 작품 속의 '바보'들은 사회 현실의 복잡한 갈등 요소에서 한 걸음 비껴 있는 상태이기 때문이다. 계용묵의 '백치 아다다'에 나오는 아다다를 창의적 관점에서 본다면, 바보가 아니라 돈보다 사람을 소중하게 여긴 순진무구한 여인이다. 톨스토이의 '바보 이반' 역시 악마의 갖은 방해에도 부지런히 일만 하는 의지적인 인물이다. 도스토예프스키의 '백치'의 주인공 미슈킨은 인간세계에서는 보기 어려운 아름다운 인간상이다. 이매탈의 미적 원리가 이런 문학 작품의 주인공들에게도 고스란히 적용되는 셈이다.

미술 작품에서도 이매탈의 미적 원리를 발견할 수 있다. 그림에서 대상의 완전한 구현이 아닌 여백이 갖는 특성이 바로 그것이다. 이때 형상은 보이지 않는 여백과 긴밀하게 연결돼 있다. 우리가 이것을 감상의 초점으로 할 때 진정한 미적 감상 능력은 더욱 확장된다. 김정희의 '세한도'의 경우, 겨울의 흰 눈을 나타낸 부분은 화폭의 흰 여백을 그대로 둠으로써 그림의 흰 바탕에 눈이 쌓인 것처럼 보이게 한다. 이러한 미적 원리를 알고 감상할 때 보는 이의 감동은 더 커질 것이다.

얼마 전 큰 병원 건물을 본 적이 있었다. 대부분의 건물은 내부 구조가 인위적인 내용물로 꽉 채워져 있다. 그러나 이 병원은 건물 중심인 가운데를 맨땅 그대로 텅 비워놓았다. 건축가의 의도는 사방에서 그곳을 바라보는 환자들이 각기 다양한 상상을 할 수 있도록 하기 위함이었다. 그 공간은 맨땅에 싹이 돋으면 봄, 비가 내리면 여름, 낙엽이 흩어지면 가을, 흰 눈이 내리면 겨울 등 환자의 관점에 따라 온갖 변형성이 창조되는 여백인 것이다. 이매탈의 턱이 없는 부분을 여백으로 본다면, 관객이 그 턱을 자유롭게 상상함으로써 새로운 생명을 얻는 경우와 같다.

학생들이여, 조각 작품을 상상해보자. 감상의 대상이 조각의 형상, 그것 하나뿐일까? 그러면 곤란하다. 여기서는 조각을 둘러싼 자연 공간이 여백이다. 즉, 조각 형상과 미완의 여백이 어우러져 시선이 이동될 때마다 새로운 미적 세계를 창조해낼 수 있다. 최고의 미적 감상은 미완의 대상에서 나온다는 창의적 사고에 주목해야 한다.

6. 대상과 상황을 자신의 관점으로 재해석하자

'주어진 자료나 정보를 자신의 관점으로 재해석하여 읽어내야 한다.' 이것이 통합논술을 치르는 모든 학생들에게 던져진 화두다. 대부분의 학생들은 주어진 대상이나 의견을 그대로 받아들인다. TV 드라마의 경우만 보더라도 그 줄거리를 그대로 쫓아간다. 드라마 제작자의 의도에 충실히 순응하는 셈이다. 이런 학생들에게 TV는 '바보상자'임이 틀림없다. 이런 방식의 TV 보기는 비판적, 창의적 사고를 고갈시키기 때문이다. 그렇다면 TV를 '천재상자'로 만들 수는 없을까? 이를 염두에 두고 다음 글을 보자.

가령 만화만 하더라도 그것이 한 컷짜리 만평이든, 장면의 연쇄가 이어지는 극화이든 독자는 보는 행위의 가장 기초적인 조건인 시간성을 주관적, 능동적으로 활용할 수 있다. 자기 의지에 따라 시간을 정지시킬 수 있고 지연시킬 수도 있다. 시간을 중지시킨다는 것은 매체 감응 과정에서 대단히 중요한 의미를 산출하는 행위로 작용한다. 즉, 시간을 멈추게 하는 행위는 그 정지된 시간 위에 머무르는 행위를 연이어 낳기 때문이다. 이때 머무름은 독자들에게 감응 대상에 대한 섬세한 반성적 성찰을 가능케 하는 조건이 된다. 만화는 공간의 사이(틈)가 있다. 한 칸과 다음 칸 사이의 여백 혹은 선이 그것이다. 그 틈은 물론 물리적 면적으로 보면 아주 작은 공간이다. 그러나 작은 공간은 동시에 아주 광활한 공간이다. 그런 공간이 되는 까닭은 그 공간이 머무름의 시간이 안착하는 공간이기에 그렇다. 머무름, 즉 반성적 성찰은 그

때까지 본 서사나 사건의 전체 혹은 각 대목을 다시 반추하고 그 의미
를 되짚어보며 때로는 그것을 위해 시간을 역진해 나가기도 한다.

– 이성욱 〈문학과 영화 '따로 또 같이'〉

이 글은 만화의 형식을 창의력과 관련지어 쓴 글이다. 즉, 컷과 컷 사
이의 작은 틈을 독자가 창의적인 시간과 공간으로 활용할 수 있다는
것이다. 이 틈은 독자에게 만화의 그림과 내용을 자신의 주관으로 재
해석할 수 있는 귀중한 공간이 된다. 이른바 이 공간에서 비판력과 창
의력이 태어나는 셈이다. 우리 학생들도 매스컴을 통해 쏟아지는 수많
은 정보를 올바르게 수용하기 위해 '만화의 틈'을 활용하면 어떨까?

우선 TV의 경우 만화와 같은 틈이 없다. 드라마는 시작과 끝이 시청
자들에게 일방적으로 방송되기 때문이다. 그리고 드라마의 특성상 한
회에 중요한 갈등이 표출되게 마련인데, 이 또한 일방적으로 시청자들
에게 전해질 따름이다. 굳이 시청자들이 자위를 삼는다면 다음 회가
시작되기까지 틈이 존재한다는 것이다. 그러나 이 경우 너무 많은 시
간이 주어져 시청자들이 창의적 사고를 하는 데는 한계가 있다.

그렇다면 어떻게 해야 할까? 시청자가 드라마 중간에 인위적으로
시간과 공간을 확보하는 수밖에 없다. 가령 드라마 방영 시간이 20분
이라고 하자. 시청자는 10분 간격으로 드라마를 보고 이를 바탕으로
이어질 내용을 상상해보는 것이다. 또는 등장인물들의 대화나 행동
을 자신과 관련지어 그 속에서 현실적인 교훈을 이끌어내는 것이다.
이는 시청자 자신의 의지로 머무름의 시공간을 만들었기 때문에 가
능한 것이다.

시청자에게 30초 정도의 머무름의 시간은 무한한 창의력을 일깨운다. 이는 만화의 사이(틈)를 통해 머무름의 공간을 확보한 것과 같다. 시청자가 자의적으로 설정한 이 공간은 그 드라마를 비판적, 창의적으로 시청한 것이기에 절대 무비판적인 수용이 되지 않는다. 영화는 TV 드라마보다 더 큰 한계를 갖는 구조다. 영화의 시작과 끝이 한 번에 상영되기 때문이다. 이런 영화의 한계를 효과적으로 극복하기 위해서는 관객이 상영 시간 중에 머무름의 공간을 많이 확보해야 한다. 이러한 TV나 영화의 머무름 공간의 확보와 그 과정은 수용 주체의 비판력과 상상력을 키워줌과 동시에 지성과 심미성을 무한대로 넓혀줄 수 있다. 이런 창의적 방법이 TV라는 '바보상자'를 '천재상자'로 만들 수 있다.

학생들이여, 정보가 범람하는 현대에는 맑은 물을 뽑아내는 자기만의 머무름의 시공간이 필요하다. 그 시공간은 물리적으로는 짧고 좁지만 정신적으로는 무한히 길고 넓다. 학생들에게 이런 시공간의 확보는 잠자는 창의성을 깨울 수 있다. 즉 주체적 머무름의 확보라는 사고방식을 가질 때 사회문화의 부정적 현상에서 긍정적인 현상을, 반대로 긍정적 현상에서 부정적 현상을 재생산해낼 수 있다. 특히 이런 사고방식은 상식적인 내용으로 가득 찬 쭉정이 논술답안을 자신의 생각을 담는 알곡 답안으로 만들어줄 것이다.

7. 만성적인 인간 중심적 사고를 버려야 한다

우리는 인간을 만물의 영장이라고 생각한다. 그 결과로 인간 중심적인 사고를 키워왔다. 인간에 의해 농촌의 해충이 사라진 것이 대표적인 예다. 해충은 인간이 필요로 하는 농작물에 해를 끼치기에 오로지 없어져야 할 대상으로 본 것이다. 인간 중심이 모든 평가의 잣대다. 자연의 섭리를 거부한 인간의 폭력은 '인간을 위한'이라는 명목으로 끝없이 자행된다. 다음 내용은 인간 중심의 관점을 반성하는 내용으로 주목할 만하다.

호주의 한 동물원이 사람도 동물가족이라는 것을 보여주기 위해 처음으로 다른 동물들과 함께 우리 안에 전시할 계획이라고 호주 신문들이 26일 보도했다. 신문들은 애들레이드 동물원이 내년 1월 시작하는 '인간 동물원'이라는 이름의 전시회에서 남녀 인간들도 우리 안에 갇힌 채 전시돼 관람객들이 구경할 수 있게 될 것이라고 밝혔다. 이 행사는 세계 최초로 다른 동물들과 함께 사람을 전시해서 보여주는 것으로 한꺼번에 6명이 오랑우탄이 사용하던 우리 안에 들어가 있게 될 것이라고 신문들은 설명했다. 신문들은 특히 6명씩 4개조가 번갈아가며 침팬지와 고릴라 우리와 붙어 있는 우리 안에 들어가 있게 된다면서 이들은 옆에 있는 유인원들과 같은 대접을 받게 될 것이라고 말했다. (중략) 이들은 우리 안에 갇혀 있는 '인간 동물들'에게는 다른 원숭이들에게 하는 것처럼 간단한 퍼즐이나 놀이기구가 제공되고, 먹는 것도 다른 원숭이들에게 하는 것처럼 먹이 찾는 기술을 향상시키기 위해 뭔가에 숨겨서 던져주게 될 것이라고 설명했다. (중략) 이들은 이번 행사가 모든 연령층의 사람들로 하여금 동물의 세계에서 차지하고 있는 자신들의 위상을 스스로 다시 한 번 생각하게 만드는 계기가 될 것으로 믿는다고 말했다.

– 연합뉴스

이 글은 인간도 동물에 지나지 않는다는 생각을 보여준다. 창의적인 발상이다. 만약 논술시험의 논제로 '인간의 우월성, 인간 중심적 사고의 극복 방안을 제시하시오'라고 나오면 학생들은 어떤 답안을 제시할까? 대부분의 수험생은 '인간 중심의 사고를 버리고 자연을 공동체로 인식해야 한다' 등의 '모범답안'을 제시할 것이다. 공동체 운운의 답안은 평범한 해결책에 지나지 않는다. 창의적인 맛이 없다.

만약 학생들이 인간 중심의 극복 방안으로 '동물원의 유인원관에 인간을 전시하여 관람시키도록 하자'고 제안한다면 어떨까? 물론 평가자는 처음에 황당함을 느낄 것이다. 그러나 심사숙고해보면 '그 황당함'은 고정관념에 지나지 않음을 느낄 것이다.

창의적인 논술 답안은 '동물원의 인간 전시'와 같이 구체적인 차원에서 이루어진다. 논술을 출제하는 윤희원 서울대 교수(국어교육과)는 "'소외를 극복하기 위해 개인과 가족에게 필요한 노력은?'이라는 주제를 출제했었다. 가족 간의 소외 극복에 대해 '목욕'이라는 소재로 쓴 답안이 기억난다. 무슨무슨 철학자를 거론하지 않고도 고등학생 수준의 체험에서 우러나온 좋은 글이었다"라고 말했다. 우리는 '동물원의 인간 전시'와 '목욕'이라는 '구체성'이 창의적인 답안의 조건임을 이해할 수 있다.

또한 윤희원 교수의 "스스로 제대로 알고 쓴 것이 창의력 있는 답안이다. 학원에서는 창의력 있는 표현의 예를 아예 외우게 하는데, 그런 건 아무래도 튄다. 똑같은 답안을 써도 자기 목소리로 쓴 것은 창의력이 있는 것이고, 아무리 독특해도 앞뒤가 안 맞으면 창의력이 없는 것이다"라는 말도 주목할 만하다. 이 말은, 학원에서 외우는 논술 답안은 대부분 추상적인 상황에 머무르고 자신만의 관점에서 형성된 논술 답안은 구체성을 띠기에 신선한 맛을 준다는 내용으로 이해해도 무리가 없다.

학생들이여, 동물원에서 호랑이를 구경한 적이 있는가? 맨 처음 우리는 만물의 영장이라는 인간으로서 당당하게 호랑이의 우리로 다가선다. 그러나 인간은 10분 정도 구경하다 보면 어느샌가 호랑이의 위세에 눌려 우리에서 슬금슬금 물러나온다. 인간이 호랑이를 구경하는 것이 아니라 호랑이가 인간을 구경하는 역전 현상을 느끼기 때문이다.

인간에게 해를 끼친다는 이유로 해충을 박멸하는 것도 인간을 위한 관점일 뿐이다. 자연의 법칙으로 보면 해충도 당당히 살아갈 권리가 있는 존재다. 학생들이여, 자연에 대한 인간의 인식을 자신의 논리로 비판해보자. 구체적인 사례를 통해 신선한 해결책도 제시해보자. 창의력은 그런 과정을 통해 조금씩 쌓여갈 것이다.

8. 대상, 상황 간의 통합적 사고를 지녀야 한다

대부분의 학생은 자신의 적성을 바탕으로 진로를 선택한다. 국어를 좋아하기에 국문학과에 간다는 식이다. 틀린 말은 아니다. 상식적으로 당연하다. 주변에서는 '법대는 냉철하고 논리적인 사람이 들어가야 적성에 맞아 보람을 느낀다'는 말을 많이 한다. 역시 틀린 말이 아니다. 그런데 우리가 이런 말에 식상함을 느끼는 것은 왜일까? 너무 당연한 상식이기 때문에 그럴까? 우리는 이런 상식을 과감히 떨치고 나와야 창의적 사고에 도달할 수 있다. 다음 내용을 보자.

얼마 전 세계적으로 유명한 전자회사의 부장님이 내 연구실을 찾아왔다. 초콜릿폰이며 슬림슬라이드폰 등을 만들어내고 있지만 휴대폰은 이미 약간의 디자인 경쟁을 제외하곤 한계점에 도달했다는 것이다. 그래서 까치, 말벌, 귀뚜라미, 소금쟁이 등 동물의 의사소통 메커니즘을 연구하고 있는 우리 연구진과 브레인스토밍 회의를 제안했다. 그러다 보면 전혀 새로운 개념의 휴대폰을 개발할 수 있을지 모른다는 생각에 돈 버는 일과는 거리가 멀어 보이는 생물학자를 찾아온 것이다. 그는 신입사원 면접에서 내 연구실 출신의 학생을 만나면서 이런 생각을 하게 되었다고 했다. 동물의 행동과 생태나 연구하던 사람이 전자회사에 와서 뭘 할 수 있겠느냐는 그의 의도적으로 삐딱한 질문에 내 학생은 다음과 같이 답했다고 한다. "전자공학만 공부한 사람을 수백 명 모아놓아 본들 그 머리들에서 나오는 아이디어란 다 고만고만할 것입니다. 강화도 갯벌에서 흰발농게 수컷이 집게발을 흔들며 암컷을 유혹하는 행동을 연구한 저 같은 사람의 머리에서 잘못하면 대박 칠 아이디어가 나올지도 모르죠." 그럼에도 불구하고 그 학생을 경쟁회사에 빼앗긴 그는 아예 그를 길러낸 연구실을 찾기로 한 것이다.

– 최재천 칼럼 중에서

　이 글은 창의적 사고에 대한 시사점을 준다. 갯벌의 게 연구를 한 사람이 전자회사에 지원했다는 건 일견 엉뚱한 행동으로 보일 수 있다. 그러나 우리는 생물학과 전자회사 사이의 예전엔 생각지 못했던 관련성에 수긍이 간다. 즉, 강화도 갯벌에서 '흰발농게 수컷이 집게발을 흔들며 암컷을 유혹하는 행동'을 '휴대전화를 들고 남자가 여자를 유혹하는 행위' 등과 관련지어 흰발농게 수컷에서 휴대전화의 참신한 아이디어를 이끌어낼 수 있다는 주장이다. 실로 창의적인 생각이다. 전자회사에 생물학도가 들어가 전혀 다른 방향에서 평소 생각지 않았던 아이디어를 탄생시킬 수 있겠다는 생각이 든다. 공학도와 생물학도가 섞여 만들어낸 창의력이다.

　인간은 기계를 만들 때 인간의 신체와 자연을 많이 모방했다. 사람의 구부러진 손가락이 '갈고리'가 되고 손바닥의 움푹 파인 곳은 '그릇'이 됐다. 또한 가시덤불에서 '철조망'을, 동물의 털에 들러붙어 먼 곳으로 이동하도록 진화한 식물의 씨를 흉내내 '찍찍이'라는 상품을 탄생시켰다. 모두 인간과 자연의 비슷한 특성이 섞여 탄생한 창의력의 산물들이다.

　하지만 이제는 전혀 상관없어 보이는 곳에서 창의성을 이끌어내 대박 상품을 터뜨린다. 에스키모인들에게 냉장고를 파는 방법을 생각해 보자. 상식적으로 생각하면 에스키모인들이 사는 곳은 너무 춥기 때문에 냉장고를 팔 수 없다. 그러나 냉장고가 갖는 특성과 에스키모인의 특성을 합치면 냉장고를 팔 수 있는 실마리가 보인다. 에스키모인들에게 "냉장고에 음식을 넣어두면 딱딱하게 얼지 않습니다"라는 내용으로 설득해보면 어떨까? 오히려 반대의 경우에서 이끌어낸 창의성이다. 에스키모라는 자연인에 냉장고라는 공학이 섞여 탄생한 것이 '에스키모 냉장고'다. 이제는 하나가 아니라 여럿을 섞어야 창의적 발상을 발휘할 수 있는 시대다. 불가능한 상황을 뒤집어 가능케 하는 마력도 창의성에 달려 있다.

최재천 교수는 "섞여야 아름답고, 섞여야 강해지고, 섞여야 살아남는다. 학계, 기업, 사회가 함께 섞여야 한다. 이런 거대한 변화의 선봉에 일찍이 비빔밥을 개발한 우리 민족의 모습이 보인다"고 말했다. 비빔밥은 여러 재료가 들어가기에 여러 맛을 낼 수 있다. 한 가지 재료를 중심으로 만들면 그 재료를 좋아하는 사람만 먹을 수 있다. 이제는 환원주의가 끝나고 통섭의 시대가 오고 있다. 논술을 공부하는 우리 학생들도 창의성을 키우기 위해 통섭의 관점이 필요하다.

학생들이여, '외국인과의 국제결혼을 어떻게 생각하는 것이 좋은가?' 또는 '영어공용화 문제를 놓고 찬반 토론에 어떤 의견을 낼까?' 등의 논술 문제에 통섭의 논리, 비빔밥의 논리로 접근해볼 것을 권한다. 평가자에게 주장의 신선함은 약간 떨어질지 몰라도 논리의 창의력은 확실하게 줄 수 있을 것이다. 바로 그런 신선함이 창의성의 비결이다.

9. 자신만의 관점에서 형성된 생각이 중요하다

　우리 민족의 대표적 명절로 추석과 설이 있다. 명절에는 많은 사람들이 설레는 마음을 안고 고향을 찾는다. 또한 명절날의 민속놀이는 아름다운 풍속으로 각인된다. 아직까지는 그렇다. 그러나 앞으로 100년이 지나도 추석과 설이 지금과 같은 명절로 남아 있을까? 학생들에게 질문을 던져봤다. 대부분 학생들의 대답은 '명절은 시대의 조류에 따라 사라질 것'이라는 것이었다. 시대의 빠른 변화를 볼 때 수긍이 가는 답변이다. 이어서 학생들에게 해결책도 물어봤다. '정부와 국민이 명절의 의미를 되새겨 존속하도록 노력해야 한다'는 식이 대부분이었다. 물론 틀린 답은 아니다. 너무 상식적인 답이기에 논술에서 평가자의 눈을 사로잡지 못할 뿐이다.

　논술을 공부하는 학생들은 상식적인 답안 작성에서 벗어나려고 노력할 필요가 있다. 논술 평가자는 구체적인 해결 방안을 요구한다. 즉, 학생 자신만의 관점에서 형성된 창의적인 생각을 원한다. 다음 글을 보자.

　미국의 추수감사절은 메이플라워호를 타고 신대륙에 도착한 청교도들이 첫 수확에 대해 신에게 감사를 드린 데서 유래한다. 추석 때 한국인이 가족과 만나기 위해 고향으로 떠나는 것과 마찬가지로 미국인도 추수감사절에 가족과 모이기 위해 대이동을 한다. 이날을 '터키(칠면조) 데이'라고도 하는데 청교도들이 경작법을 가르쳐준 인디언을 초대해 야생 칠면조를 나눠 먹었기 때문이다. 1864년 링컨 대통령이 11월

넷째 주를 추수감사 주일로 정한 이래 미국인들은 매년 이때 가족과 모여 청교도들이 즐겼다는 칠면조를 크랜베리 소스와 곁들여 먹는다.

재미있는 것은 추수감사절에는 대통령이 직접 칠면조 한 마리를 '사면'해준다는 것. 추수감사절마다 빠짐없이 미국인 식탁에 오르는 칠면조이지만 사면되는 칠면조는 평생을 편하게 살 수 있게 된다. 22일에도 미국 조지 부시 대통령이 칠면조 '프라이어(fryer)'와 '플라이어(flyer)'에 대한 사면행사를 가졌다. 이 같은 대통령의 사면 행사는 추수감사절을 하루 앞둔 이날, 이들만큼은 특별히 '천수'를 누릴 수 있도록 보호해 '대량 희생'이 불가피한 칠면조들을 상징적으로 기리는 행사다.

미국 대통령은 '사면'을 통해 많은 칠면조의 희생을 한 마리의 칠면조로 모두 살리는 지혜를 발휘한다는 것이다. 이는 미국 대통령이 추수감사절이라는 국가적 행사의 전면에 나서 축제 분위기를 더욱 살리는 구실을 한다. 추수감사절을 영원히 존속하는 미국의 위대한 문화로 자리잡게 하는 기능도 있다.

우리도 명절에 미국의 추수감사절과 같이 대통령이 나서서 '소' 등을 한 마리씩 선정해 사면을 베푸는 의식을 공개적으로 치르면 어떨까? '소 사면' 행사는 우리 민족에게 문화적 상징을 부여할 것이다. 또한 외신을 타고 세계적으로 방송돼 외국인들에게 한민족의 명절의 의미를 각인시킬 것이다. 소 한 마리를 살림으로써 명절에 희생되는 많은 소를 정신적으로 살린다는 생명 존중의 의미도 덧붙여질 것이다.

혹자는 우리 명절에 '소 사면'은 미국 추수감사절의 '칠면조 사면'을 그대로 모방한 것이 아닌가라는 반론도 할 수 있다. 그러나 민족의 전통은 100% 고유한 것이 없다. 전통은 시대 변화에 따라 변화하는 것이고, 그 과정에 외국의 전통이 들어와 융화되는 것이다. 역사학자 이기백은 "그 비판을 통해서 현재의 문화 창조에 이바지할 수 있다고 생각되는 것만을 우리는 전통이라고 불러야 할 것이다. … 민족문화의 전통을 계승하자는 것이 국수주의나 배타주의가 될 수는 없다. 오히려 왕성한 창조적 정신은 선진문화 섭취에 인색하지 않을 것이다. …외래문화도 새로운 문화의 창조에 이바지함으로써 뜻이 있는 것이고, 그러함으로써 비로소 민족문화의 전통을 더욱 빛낼 수 있는 것이다"라고 했다. 결국 우리 명절의 고유 의미를 바탕으로 미국의 '칠면조 사면' 같은 외국 전통을 수용하면 더 큰 우리 민족 명절로의 창조가 가능할 것이다.

논술평가에서 '민족 명절의 존속 방안'으로 '우리나라 대통령이 명절을 하루 앞둔 날에 소 사면 행사를 갖자'고 답안을 작성했다면 어떨까? 추상적인 인식의 차원에서 벗어난 창의적인 답안이 될 것이다. 창의적인 논술 답안이란 유명한 철학자를 거명하는 등 대단한 차원의 글이 아니다. 논술 수험생이 일상의 직접경험과 독서나 신문을 통한 간접경험의 사례를 들어 논증하고 주장하면 된다. 단, 사례가 참신하고 창의적이어야 한다. 이제 학생들도 신문, 시사주간지 등을 통해 논술의 내용으로 제시할 '나만의 사례'를 적극적으로 발굴하는 자세가 필요하다.

10. 개성 담은 내용이 설득력을 높이는 글이다

서울대 측은 학원에서 배운 학생들의 논술 답안이 대부분 '판박이' 라는 자료를 내놓았다. 논술 답안에 수험생의 개성이 보이지 않는다는 것이다. 개성은 창의력과 관련된다. 논술 답안에서 창의력은 고득점의 보증수표가 됨은 물론이다. 대부분 학생들이 논술 답안에서 창의력을 드러내는 데 왜 실패할까? 이유는 간단하다. 자신의 개성을 배제한 채 답안을 썼기 때문이다. 혹자는 자신의 개성을 어떻게 논술 답안에 쓰느냐고 반문할지 모른다. 논술이 수필이냐고 항변할지도 모른다. 다음의 글을 보자.

SBS 드라마 '사랑과 야망'의 성공, 그 이유가 궁금해진다. 작가 김수현 씨는 인터뷰에서 이 드라마의 압권은 개성 뚜렷한 인물들의 완벽한 심리묘사에 있다고 밝힌다. 김씨는 그 비결에 대해 이렇게 말한다. "사람은 다 마찬가지라는 생각이 바탕에 깔려 있어요. 극중 인물을 실제 옆에 존재하는 사람처럼 그렸기 때문에 시청자들의 공감대가 형성되는 거죠. 전 특별한 소재를 찾기 위해 신경 쓴 적이 거의 없어요. 항상 극중 인물에 어떻게 숨결을 불어넣느냐가 중요한 것 아니겠어요?" 사실 김씨의 드라마에서 독특한 직업이나 사회집단을 만나기란 쉽지 않다. 그의 드라마에 등장하는 인물은 우리 사회의 평균에서 크게 벗어나지 않는 인물들이다. 하지만 그 인물이 각자 나름의 세계를 갖고 있다는 사실을 보여준다는 점이 김수현의 스타일이다.

이 글은 작가 김수현 씨가 '사랑과 야망'의 등장인물을 '개성' 있게 제시하여 인기를 얻었다는 내용으로 정리할 수 있다. 김씨는 다른 작품과의 차별화를 개성을 통해 시도한 셈이다. 즉 태준의 '냉정함', 미자의 '불안함', 태준이 어머니의 '깐깐함', 태수의 '호탕함', 태수 첫째 부인의 '무분별함', 둘째 부인의 '현숙함' 그리고 '개념 없는' 며느리까지 모두 뚜렷한 개성을 선보였다.

창의논술도 마찬가지다. 수험생의 개성이 글로 분명히 표현된다면 평가자의 주목을 받을 수 있다. 그렇다면 수험생은 논술시험에서 어떻게 창의적으로 자신의 색깔을 드러낼까? 정시의 1600자 논술시험은 기본적으로 서론, 본론, 결론의 형식을 요구한다. 이 틀을 꼭 지켜야 하는 것은 아니지만 글을 논리적으로 쓰려면 3단 형식을 지키는 것이 좋다. 문제는 여기에 넣어야 할 내용이다. 내용에서 자신의 색깔, 즉 창의성을 보여줘야 한다.

서론의 첫 문장에서 글 전체의 핵심 주장을 강력하게 제시해보자. 문장의 길이가 간결체면 더 좋다. 대부분 수험생은 서론의 첫 문장에 '격언, 현황' 등의 상투적인 내용을 제시한다. 이런 밋밋한 서론은 평가자의 시선을 잡지 못한다. 만약 그곳에 자신만의 강력한 '주장'을 담았다면 평가자의 관심을 끌 수 있다. 물론 주장의 표현이 세련되고 내용도 창의적이면 금상첨화다.

논술답안 분량이 2500자라면 수험생은 서론 쓰기에 많은 부담을 갖는다. 수험생들은 서론에서 형식을 개성 있게, 내용은 신선하게 처리하는 것으로 부담감을 떨쳐버릴 수 있다. 이른바 서론의 첫 문장에서 강력한 주장을 하고, 이어서 참신한 우화를 동원해보면 어떨까? 단, 우화는 논제의 내용과 전체 글의 핵심과 관련되는 것이어야 한다.

본론에서는 수험생 자신의 주장과 반대되는 주장을 과감하게 끌어들여 쓰면 좋다. 상대방의 주장을 나의 신선한 논리로 비판하면 된다. 요즘 논술 채점 교수들이 하는 말은 '수험생 자신의 주장이 분명치 못하다'는 것이다. 상대방의 반대 주장을 끌어들여 비판하면 나의 주장을 강화해 내용을 분명히 제시할 수 있다. 또한 자신의 창의력을 부각하는 효과도 얻을 수 있다. 본론에서 중요한 것은 참신한 논증 방식이다. 누구나 다 알고 있는 사례를 들 바에는 차라리 제시하지 않는 편이 낫다. 상투적인 사례는 전체 글의 이미지를 진부하게 할 뿐이다. 결국 자신만의 관점에서 쓴 글만이 강력한 생명력을 부여받는다.

결론에서도 강한 인상을 남겨야 한다. 특히 2500자 내외의 답안에서 결론은 단순한 본론의 내용 요약이 되어서는 안 된다. 논제에 맞는 핵심적인 내용을 제시하고, 그것을 독특한 일화와 관련지어 마무리하면 창의적인 결론이 될 수 있다.

결국 서론, 본론, 결론에서 수험생 자신만의 독특한 색깔을 보여줘야 한다. 더 나아가 부분적인 논술답안 형식의 파괴도 가능하다. 서울대 생활과학대학 신입생 송모(19) 양은 "평이한 글로는 어차피 좋은 점수를 얻기 힘들어 서론을 최대한 줄이거나 본론에서 결론을 언급하는 식의 새로운 글쓰기를 시도한 게 합격하는 데 주효했던 것 같다"고 말한다. 학생들이여, 논술시험 답안지에 나만의 창의력을 담아보자. 나만의 독특한 관점이 살아 숨쉬는 답안지는 평가 교수를 사로잡을 것이다.

11. 통계 자료를 적극적으로 활용해야 한다

경제 불황에 대박을 터뜨리는 상품이 있다. 수많은 상품들이 등장했다 사라지는 상황에서 대박 상품들은 분명한 이유를 가지고 있다. 바로 '통계'다. 통계는 전문가가 제시한 거창한 이론이 아니다. 수험생들도 조금만 신경을 쓰면 인터넷에서 찾을 수 있다. 현대인의 삶은 통계를 만들어내고, 통계는 현대인의 삶을 규정한다는 말이 있다. 이른바 통계의 힘을 드러내는 단적인 표현이다. 다음 〈자료 1〉은 통계가 창의력의 방향을 제시한다는 점에서 주목할 만하다.

자료 1 ○○주류 BG 브랜드팀장은 8일 서울 워커힐 호텔에서 열린 통계청 주최 '통계활용 국제포럼'에서 국내 사례발표를 통해 이같이 밝혔다. '○○○○'은 출시 6개월 만에 시장점유율 10%를 넘어 '○○○'의 독주를 저지하고 주류업계의 대박 상품으로 떠올랐다. 이 팀장은 "'○○○'의 독주를 막을 새로운 브랜드를 내놓기로 결정한 후 제품 개발의 방향 설정을 위해 가장 먼저 분석한 자료는 생산인구 추이, 인구비중 추이 등 국내 인구 변화와 국내 소득과 지출의 변화, 1인당 알코올 소비량 등의 통계자료였다"고 말했다. 그는 "인구통계자료 분석을 통해 국내 인구가 빠르게 고령화하고 있는 추세를 반영, 30~40대는 물론 50대 이상 소비자를 흡수할 수 있는 제품을 만들되 한 번 술을 마실 때 많은 양을 소비하는 20대와 마시는 양은 적지만 자주 마시는 40대를 주 공략대상으로 삼으면 승산이 있다고 판단했다"고 설명했다. (중략) 이에 앞서 메르세데스 벤츠 코리아 CEO 이보 마울 씨는 '21세기 기업의 성공조건, 통계'라는 기조강연에서 "메르세데스 벤츠의 연구기술센터는 철저한 통계조사를 바탕으로 자동차를 개발하고 있다"면서 "안전벨트의 높낮이, 의자와 운전대 등은 사람들의 평균키와 몸무게를 조사한 통계자료를 바탕으로 만들어진다"고 설명했다. 그는 이어 "회사가 직접 조사에 나서기도 하고 정부에서 제공하는 통계자료를 통해 개발방향을 찾는다"고 덧붙였다. (출처 : 연합뉴스)

　〈자료 1〉을 통해 대박 상품의 비밀은 '통계'임을 알 수 있다. 객관적 근거의 통계자료가 창의성 발현의 원류로 작용한다. 경쟁 상품을 뛰어넘는 새 브랜드는 창의적인 상품이다. 과거 상품이 아닌 창의적 관점에서 새 상품이 만들어졌기 때문이다. 위 글의 '새로운 브랜드의 제품 개발 방향 설정을 위해 가장 먼저 분석한 자료는 생산인구 추이, 인구비중 추이 등의 통계자료였다'는 내용은 우리가 주목할 만하다. 통계자료는 단순히 대박 상품에만 필요한 것이 아니다. 통계의 활용범위는 무한대다. 현대의 사회·경제·문화·행정·정치는 물론, 엔터테인먼트까지 '통계정보'는 막강한 위력을 자랑한다.
　창의논술도 통계의 영향력에서 예외일 수 없다. 통계의 위력은 논술시험에서 독특한 근거로 인식되어 막강한 힘을 발휘하기 때문이다. 수험생의 주장이 논술 답안에서 창의적 주장으로 인정받으려면 '통계'를 논거로 제시하면 좋다. 창의적 판단의 근거가 되는 객관적이고 과학적인 논거의 정보가 바로 '통계'이기 때문이다. 대박 논술도 통계에서 나오는 셈이다.

- 이동통신업체들은 비음성통화부문 서비스 매출이 2006년 13.3%에
  서 2011년에는 24.5%로 증가할 것으로 내다보고 있다.
- 2008년 말까지 전 세계 항공사의 약 50%가 운항 중 휴대전화 통
  화를 허용할 예정이다.
- 소비자의 55%는 점심식사로 바로 먹을 수 있고(인스턴트식품), 조리가
  쉬우며, 배달이 편한 음식을 선호한다.
- 미국인의 51%는 휴대전화 통화 시 보통 사람들이 '상대에게 많이
  신경 쓰지 않는다'고 믿는 것으로 나타났다.
- 미국에서는 웨딩 관련산업 매출 중 동성커플 결혼비용이 200억 달
  러에 이를 전망이다.
- 사교를 위해 술을 마시는 남성 직장인이 비음주자보다 10% 많은
  소득을 올리며, 여성의 경우 14%를 더 번다.

〈자료 2〉는 구체적인 통계자료들이다. 이동통신업체 등의 통계자료
를 바탕으로 기업들의 수많은 창의적인 상품 브랜드가 계획되고 만들
어진다. 논술로 말한다면 브랜드는 창의적인 주장이 되고, 통계는 논거
가 되는 셈이다. 또 소비자가 감동하는 대박 상품의 브랜드는 논술평
가 교수가 찬탄하는 고득점의 논술 답안이 된다. 논술 수험생들이여,
통계와 친하게 지내자. 먼저 수험생들은 통계청 사이트에 들어가 많은
통계를 읽어볼 필요가 있다. 일간지나 시사주간지의 통계 기사 또한
눈여겨보자. 통계는 기업을 부자로 만들어주듯, 논술평가에서 학생들
을 고득점자로 만들어줄 것이다.

12. 대상이나 상황을 재해석하는 노력이 필요하다

창의논술을 공부하는 학생들에게 가장 부족한 점은 무엇일까. 필자는 신문이나 시사주간지 등에서 본 독특한 기사를 자신의 관점에서 재해석하는 능력의 부족을 들고 싶다. 대부분 학생들은 흥미로운 내용을 있는 그대로 수용할 뿐이다. 읽은 내용을 논술답안에서 다른 상황으로 재해석할 줄 모른다. 결국 창의적인 논술답안이 되지 못함은 자명한 일이다. 고득점을 염두에 둔 논술 수험생의 처지에서는 안타까운 일이다. 하지만 일부 학생은 특정 내용을 다른 상황을 통해 재탄생시키는 것을 볼 수 있다. 창의력을 발휘한 결과다. 다음 글을 읽어보자.

"조선통신사는 단숨에 일본인들을 사로잡았다. 조선 영조 때 문인 김인겸은 1764년 통신사 행렬이 일본 에도(도쿄)에 입성할 때의 풍경을 이렇게 묘사했다. '에도로 향하는 30리 길이 빈틈없이 인파로 이어져 있으니 대체로 헤아려보면 수백만 명에 이르렀다.' 통신사가 숙소에 당도하면 사절단의 한시와 서예, 그림을 얻기 위해 사람들이 진을 치고 있었다. '우리를 만나려는 일념으로 200리, 300리 떨어진 곳에서 식량까지 갖고 여기까지 와서 5, 6개월이나 기다리고 있었다. 만약 그들에게 글을 써주지 않는다면 얼마나 낙담하겠는가.' 김인겸의 또 다른 기록이다."

– 홍찬식 동아일보 논설위원

이 글을 그대로 수용하면 '조선통신사 김인겸은 일본에서 인기가 좋았다'가 된다. 약 400년 전의 이 기록을 오늘날 논술 수험생이 읽었다면 어떻게 받아들이는 것이 좋을까? 이른바 재해석이 필요하다. 이를 오늘날 한류韓流 열풍과 관련지어 해석하면 어떨까? 비슷한 맥락을 지닌 문장을 잡아 오늘의 현상과 관련시켜 가치를 뽑아내면 되는 것이다. 논술시험에서 '한류 열풍'에 대한 논제가 나왔다면 대부분 학생들은 '배용준 등'과 관련지어 논의를 전개할 가능성이 크다. 하지만 이는 상식적인 답안일 뿐이다. 그러나 어떤 학생이 400년 전의 통신사 김인겸을 예로 들어 한류 열풍의 가치를 논의했다면 어떨까? 한국이 문화적으로 앞선 나라였으며, 일본을 문화로써 교화한다는 자부심을 이끌어낼 수 있을 것이다. 또한 김인겸의 경우를 들어 오늘날 한류 열풍에 대한 반성도 가능하다.

"세종은 왜 한글을 만들려고 했던 것일까? 이에 대한 구체적인 기록은 없다. 그러나 세종의 마음을 엿볼 수 있는 단서가 있으니, 그것은 바로 '삼강행실도'다. 이 책이 만들어진 동기는 세종 10년에 있었던 일 때문이다. 진주 사람 김화가 자신의 아버지를 살해하는 사건이 일어난다. 이에 충격을 받은 세종은 모두 자신의 잘못이라고 자책하며 효자, 충신 등의 사례를 담은 행실도의 간행을 지시한 것이다. 이렇게 만들어진 '삼강행실도'는 내용과 함께 그에 맞는 그림을 그려 넣었다. 글을 모르는 사람들도 그림을 보고 이해할 수 있도록 하기 위한 배려였다. 그러나 세종은 글자를 알지 못하는 어리석은 백성들이 그림만으로는 제대로 된 뜻을 이해하지 못할 것이라며 안타까워한다. 글자 창제의 필요성에 대한 최초의 언급이다."

– KBS '역사스페셜'

이 글은 세종대왕이 한글을 창제한 이유가 백성에게 있음을 보여준다. 세종대왕이 문자가 있는 사대부 등의 양반이 아니라 문자가 없던 백성을 불쌍히 여기고 한글을 만들었다는 내용이다. 당시 외국어인 한문은 양반이 썼고, 한글은 백성이 쓸 것이라는 게 세종의 생각이었다. 논술 수험생들은 이런 해석을 오늘날의 경우로 재해석해보자. 어떤 상황과 맥이 닿을까? 그렇다. '영어공용화 논란'이다. 여기서 영어공용화 논란에 역사적 인물인 세종대왕을 관련시키면 된다. 창의적 전략이다.

다음 단계는 답안의 서론에서 도발적으로 질문을 던져보는 것이다. "세종대왕은 영어공용화를 찬성할 것이다"라고 서론 첫 문장에 쓴다면 어떨까? 그 결과 자신의 영어공용화 찬성 논리에 세종을 끌어들여 자기 주장을 강화하고 논의의 심층화를 얻을 수 있다. 상식적인 학생이라면 세종이 영어공용화를 반대할 것이라고 생각한다. 세종이라면 한글이 떠오르기 때문이다. 그러나 창의적인 학생은 영어공용화를 찬성할 것이라고 생각한다. 관점을 달리하여 생각했기 때문이다.

창의논술을 공부하는 학생들이여, 신문이나 시사주간지에서 흥미로운 글을 읽었을 때 자기 관점으로 적용 범위를 생각해보자. 과거의 역사적 내용을 오늘날의 경우에 적용해보자. 반대로 오늘날의 내용을 과거 상황으로 적용 범위를 넓히자. 양쪽 간에 한 가닥 실마리만 연결돼도 무한한 가치를 이끌어낼 수 있다. 그 결과 과거의 내용이 현재적 상황에서 가치가 발현된다. 또한 현재적 내용이 과거의 상황에서 재탄생된다.

13. 창의적인 논술 답안이란 무엇인가

　자, 손가락 다섯 개를 펼쳐보자. 그 중 가장 깨끗한 손가락을 제시하고 그 근거를 대보자. 이 질문에 대부분 사람들은 네 번째 손가락을 제시한다. 반지를 꼈기 때문에 깨끗하다는 논거도 제시한다. 물론 틀린 말은 아니다. 그러나 창의성이 보이지 않는다. 이렇게 말해보면 어떨까? "네 번째 손가락이 가장 깨끗합니다. 사람이 코딱지를 팔 때 새끼손가락으로 파서 첫 번째, 두 번째 손가락으로 옮겨 비빈 다음에 세 번째 손가락으로 튕겨버리기 때문입니다. 따라서 코딱지가 묻지 않는 깨끗한 것은 네 번째 손가락입니다"라고, 필자가 외부 논술특강에서 쓰는 유머이지만 창의성이 무엇인가라는 암시가 들어있다. 물론 논술에서는 쓸 수 없는 내용이지만 자신만의 창의성에서 나온 참신한 사례에 해당한다.

　통합논술에서 중점적으로 평가하는 것이 있다. 창의력이다. 창의력은 자신만의 관점에서 나오는 참신함이다. 창의성 있는 문장이 답안에 박혀 반짝반짝 빛을 발할 때 채점자는 흥미를 가진다. 상식적인 내용의 논술 답안은 중간 이하의 점수를 받는다. 누구나 알고 있는 내용이기에 진부하다는 것이 이유가 된다. 진부한 내용은 '나의 주장을 논리적으로 서술한다'는 뜻의 논술과도 맞지 않는다.

　통합논술의 문제유형이 있다. '요약, 관점의 비판, 문제점과 해결방안 제시' 등이 그것이다. 첫째, 요약의 문제는 어떻게 답안을 작성해야 할까? 어떤 사람은 제시문의 내용 중에서 핵심적인 내용만을 골라 논리적으로 쓰면 된다고 말한다. 요약은 물고기의 살을 잘 발라내고 뼈만

추려내는 것과 같다는 비유도 같은 맥락이다. 이것은 창의적인 요약 답안이 아니다. 제시문의 중요한 내용이 그대로 답안으로 옮겨왔기 때문이다. 핵심내용의 일부는 그대로 답안으로 쓰여질 수 있으나 요약 답안 전체가 그렇다면 안 된다. 제시문의 의미가 변하지 않는 한도 내에서 자신이 생각한 어휘, 문장으로 바꾸어주는 것이 필요하다. 이른바 유의어 등을 적절히 활용하면 된다.

둘째, 관점의 비판 문제는 고차원적인 사고 유형이다. 제시문의 관점을 자신의 관점으로(때론 제시문의 관점으로) 비판하는 것이기 때문이다. 여기서 자신의 관점으로 비판한 내용이 창의성과 관련이 깊다. 상식적인 측면에서 비판이 이루어진다면 평가자의 시선을 잡을 수 없다. 요즘의 논술은 제시문을 통해 관점을 제시해준다. 그것을 바탕으로 특정한 제시문의 내용을 비판하라는 내용이 맞다. 대부분 이 때도 상식적인 관점이 제시문에 나오지 않는다. 창의적인 관점이 주로 제시문에 알게 모르게 숨어 있는 경우가 많아 쉽게 찾을 수 없는 경우가 많다. 주로 관점은 제시문에 따라 학설, 작가의 의식 등도 포함하는 수가 있어, 학생들은 다양한 측면에서 관점을 평소에 확보해두는 연습이 필요하다.

쉬운 사례를 들어 '공부를 하지 않는 학생을 비판'한다고 해보자. '공부를 해야 의사, 판사가 될 수 있다'의 비판은 상식에 해당한다. 그러나 '공부를 해야 네가 하고 싶은 것을 할 수 있다'는 창의적인 비판이 된다. '의사, 판사'는 대부분 사람들이 선망하는 직업이고 '네가 하고 싶은 것'은 자신만의 포부이기 때문이다. 나만의 비판이 들어있는 논술답안은 창의적이라는 평가를 받게 된다.

셋째, 문제점과 해결방안 문제는 창의력이 요구되는 유형이다. 특히 해결방안이 그렇다. 이런 논술문제는 통합논술의 마지막 문제(주로 3, 4번 문항)에 해당한다. 창의적인 문제가 배점도 가장 많다. 물론 다른 제시문의 관점을 통한 해결제시도 있다. 엄밀히 말하면 이런 유형은 창의적인 논술 문제가 아니다. 이미 관점이 정해져 있기 때문이다. 그러나 답안의 분량이 많고 열린 문제인 경우 하생들의 창의적인 능력이 중요하다. 주로 명문대일수록 이런 열린 창의적인 문제가 있다. 다음의 사례를 보고 문제점과 해결방안을 창의적으로 생각해보자.

– 영월 다목적댐(동강댐) 건설
〈찬성론〉 홍수 조절: 수도권 및 남한강 지역 홍수 피해를 경감할 수 있다.
〈반대론〉 환경 파괴: 멸종 위기의 천연기념물 등 희귀 동식물이 수몰되어 생태계가 파괴된다.

만약 제시문에 대한 자신의 해결방안을 제시하라고 했을 때 논술을 공부하는 학생들은 찬성이나 반대 중 하나를 택하여 주장한다. 그러나 어느 편을 택하든 참신한 논거를 제시하지 못하는 한 상식적인 해결 방안이 될 가능성이 있다. 이 경우 '홍수 상습지역에 늪지대를 만드는 것이 중요하다'라고 주장하면 어떨까? 늪지대는 다목적 댐도, 자연 그대로도 아닌 그 중간에서 찾아낸 방안이다. 창의성이 돋보인다. 대규모 늪지는 스펀지와 같이 많은 물을 빨아들였다가 가물면 내보내는 특성이 있다. 또한 대규모 습지인 관계로 미생물, 천연기념물 등 생태계가 조성되고 보전된다. 그 결과 상습적인 홍수지역에 대규모 늪지의 조성은 댐의 찬성과 반대 의견 모두를 수용할 수 있다는 창의성을 보인다. 이른바 홍수를 극복하기 위한 방안에도 '윈-윈 전략'이 필요한 셈이다. 물론 위의 제시문의 문제점은 '찬성과 반대 어느 쪽을 택하든 다른 쪽의 의견은 무시될 수밖에 없다'로 제시하면 된다.

통합논술의 답안 분량은 각 문제당 300~1000자 내외가 된다. 그런 이유로 답안을 두괄식의 본론형식으로 적으면 좋다. 답안의 분량이 800~1000자 되는 경우는 문제의 조건이 없는 경우, 자신만의 관점에서 창의적인 내용의 제시도 중요하다. 내용의 전개방식도 논제가 요구하는 것의 내용을 논리적으로 정리한 후, 자신의 관점에서 핵심어를 만들어 내어 이것을 넣은 문장을 두괄식의 답안 형태로 제시해주는 것이다. 창의적인 핵심 내용을 답안 문단의 맨 위에 배치하여 밤하늘의 별처럼 빛나게 하면 된다. 창의성은 반드시 논술 고득점을 예약할 것이다.

14. 창의적인 주장과 논거는 무엇인가?

학생들은 주장은 잘한다. 논술 수업시간에 어떤 학생의 주장은 당당하고 단호하기까지 한다. 그러나 주장을 뒷받침하는 논거의 제시는 미흡하다. 과정보다 결과만 생각해 말했기 때문일까? 필자가 생각해 보기에 습관의 문제라고 본다. 평소 생각을 '주장+이유+상술+예시'의 형식으로 하면 좋다. 이것을 줄이면 '주장과 논거'만 남는다.

주장과 논거는 실과 바늘의 관계로 생각하면 된다. 여기에 주장과 논거가 창의적이라면 금상첨화다. 논술답안의 수준이 높아지기 때문이다. 그런데 학생들이 오해하는 것이 있다. 논술에서 창의적인 주장을 기발한 발명 수준으로 생각한다는 것이다.

누구도 생각지 못했던 내용을 창의적 주장이라고 인식한다. 그렇지 않다. 논술에서는 학생의 수준에서 볼 때 참신한 주장이면 창의적이라고 평가받는다.

고액권 화폐 인물 선정을 사례로 들어보자. 그동안 화폐에 등장하던 인물과 같은 성공한 지식인들을 넣자고 한다면 상식적인 주장이 된다. 그러나 관점을 바꾸어 '실패한 사람'도 들어가야 한다고 주장하면 창의적이다. 왜 그럴까? 이를 계기로 성공한 사람만이 아닌 실패한 사람도 사회적으로 인정받는 분위기가 될 수 있기 때문이다.

그렇다면 유명한 사람들의 학력 위조 같은 사건이 생기지 않을 수도 있다. 대학입시에 실패한, 고졸의 학력으로도 능력을 인정받는 사회가 되기 때문이다. 이런 주장과 논거가 창의적이라 평가받는다.

대학의 논술평가에서도 창의성을 독창적인 논의 전개 등에서 찾았다. 주장이나 논거의 새로움에서 창의성이 나온다는 것이다. 이슈의 찬반 주장은 논거에서 창의성이 결정한다. 주장은 찬반 중에 하나가 될 것이니 당연히 논거가 평가의 주안점이 되기 때문이다.

'독도 영유권 분쟁에 대한 찬반을 주장하고 논거를 제시하시오'를 사례로 들어보자. '독도는 한국 땅이다'라고 주장했다면 어떤 논거를 대야 창의적일까? 대부분 역사적 관점에서 독도가 우리 땅이라는 기록물을 찾아 제시할 것이다. 물론 그것도 중요하다. 그러나 누구든 논거로 제시할 수 있는 역사 기록물이라는 것은 참신함을 주지 못한다. 만약 관점을 현대로 바꾸어 '현재 독도에서 터지는 것은 한국 휴대폰이다'라는 논거를 제시한다면 어떨까? 창의적인 논거가 된다. 전파를 통한 한국의 실질적인 독도 지배에 해당하기 때문이다. 이른바 영토 분쟁에서도 전파가 갖는 의미는 중요한 셈이다. 다음 제시문을 통해 주장과 논거를 창의적으로 생각해보자.

"아침 여섯 시에 기상. 아침 식사.(…) 나는 오전 열 시경에 며느리와 할머니가 놀리는 미싱 소리를 쭉 듣게 되고, 열두 시경에 라디오에서 나오는 음악을 듣고, 오후 네 시엔 '엘리제를 위하여'를 듣게 된다. 오후 여섯 시 반까지는 모든 식구가 집에 와 있어야 하고 저녁 식사. 식사가 끝나면 십여 분 동안 잡담. 그게 끝나면 모두 자기 방으로 가서 공부. 그리고 식모가 보리차가 든 주전자와 컵을 준비해서 대청마루 가운데 있는 탁자 위에 놓는 달그락 소리가 나면 그 때 시간은 열 시 오륙 분 전.그 소리가 그치면 여러 방의 문이 열리고 식구들이 모두 나와서 물 한 컵씩을 마시고 '안녕히 주무십시오'를 한 차례 돌리고 잠자리로 들어간다."

– 김승옥 『역사力士』

윗글에 등장하는 '나'의 심리를 참고해 자신의 견해를 주장한다면 무엇일까? 중산층의 규칙적이고 질서 있는 생활을 근거로 중산층의 삶의 가치를 긍정적으로 주장할 수도 있다. 그러나 이것은 상식적인 논거와 주장에 불과하다. 누구나 생각할 수 있는 내용이기 때문이다.

규칙과 질서의 반복이 가져오는 권태, 혐오감을 바탕으로 질서, 규칙적인 일상생활을 부정적으로 주장했다면 어떨까? 창의성이 돋보였을 것이다. 현대인들이 규칙과 질서에 종속돼 생명력, 정체성을 잃어버리는 것으로 파악했기 때문이다. 논술 답안의 뼈대는 주장과 논거다. 여기에 각 부위에 살을 붙여 논술 답안이 완성된다.

논술을 공부하는 학생들은 주장과 논거가 창의적이기 위해서는 평소 부단한 노력을 해야 한다. 신문의 칼럼이나 전문 서적을 읽으면서 '내 생각은 달라'라고 주장해보자. 주장을 뒷받침할 참신한 논거를 대어 나의 주장을 강화시켜보자. 물론 처음에는 이런 창의적 사고가 힘들겠지만 습관이 되면 창의성이 빛나는 자신의 답안을 발견하게 될 것이다. 창의적 사고는 교사가 가르쳐줄 수 없다. 학생이 스스로 문제점을 찾아 해결하는 과정을 통해 내 것으로 완성되기 때문이다.

15. 논술 답안을 단순, 즐겁게 제시하라

복잡한 시대를 살아가는 지혜는 무엇일까? 신상품을 구매하는 것, 스포츠에 열광하는 것, 또는 자연에 은거하는 것 등 여러 답변이 가능하다. 상식적으로 무리가 없으나 창의적인 대안은 되지 못한다. 신상품의 구매나 스포츠에의 열광은 복잡한 현대에서 순간적인 도피에 지나지 않기 때문이다.

자연에서의 은거도 선택된 소수자에게만 주어지는 특권일 뿐이다. 그렇다면 복잡한 현대 생활을 극복하기 위한 새로운 관점이 요구된다. 한경닷컴에 실린 다음의 글을 보고 생각해보자.

▷ Simple(단순함) : 과거 시장 환경이 비교적 정태적이었던 시절에는 복잡한 매뉴얼을 수반하는 경영전략이 가능했는데, 최근의 극심한 시장 환경 변화는 또 다른 경영전략의 필요성이 제기되고 있다. 무한 경쟁 상황에서 변화를 따라잡고, 도모하기 위해서는 단순한 전략이 필요하다는 것이다.

▷ Enjoy(즐거움) : 현대 소비자들은 '즐거움'을 산다. 기업들은 이제 소비자들의 '필요'가 아니라 '즐거움'이라는 욕망을 자극해 지갑을 열게 만든다. 엔터테인먼트 산업은 물론이거니와 제조업도 마찬가지다. 품질에다 즐거움이란 요소를 첨가한 제품이 히트상품이 된다.

'단순화 시켜라!' '즐겁게 하라!' 신상품 개발에 던져진 화두다. 복잡한 시대에는 단순한 것을 찾는 것이 인간의 심리다. 인간의 지루함은 복잡한 것에서 나온다. 오늘날 고객은 상품을 보고 즐겁지 않으면 상품을 구매하지 않는다.

즐거움은 스스로 즐기는 것에서 나온다. 즐거움은 인간의 본능이고 누구나 확대하려는 기대심리를 갖는다. 히트 상품에는 분명한 이유가 있다고 말한다. '단순함과 즐거움'이 그것이다.

창의성을 키우는 논술도 마찬가지다. 히트 상품은 고득점 논술답안과 같다. 단순한 상품이 히트 상품이 되었다면 단순한 논술 답안은 무엇일까? 각 대학의 최근 통합논술 모의문제를 보면 쉽게 이해된다.

통합논술은 문제가 요구하는 답안 분량이 적다. 200~800자 내외의 분량에서는 논술 문제가 요구하는 것만을 단순하게 적으면 좋다. 여기서 '단순하게'는 꼭 필요한 내용만 적으라는 말이 된다. 답안의 분량이 1000자 내외일 때는 본론 형태의 두괄식이 좋다. 문단의 소주제가 분명하면서 단순하고 명쾌하기 때문이다.

두괄식은 '중심문장 + 뒷받침 문장들'로 구성된 답안의 단순한 구조다. 두괄식 답안의 장점은 평가자의 눈을 즉시 사로잡는다. 두괄식은 중심 내용이 첫 줄에 명확히 드러나 평가자의 눈을 즐겁게 하기 때문이다.

논술 고득점자들은 답안의 첫 문장을 통해 평가 교수에게 확실한 인상을 심어주었다고 말한다. 논술 문장도 마찬가지다. 문장이 길면 내용이 복잡해진다. 중심 문장은 짧게 하여 단순화시켜야 한다. 가급적 수식어를 줄이고 피수식어 위주로 적으면 된다. 논술답안의 문장에서 살을 제외하니 뼈만 남아 단순해진다.

평가자는 답안의 단순성에서 상쾌함을 느낀다. 이른바 통합논술에도 문장 다이어트가 필요한 셈이다. '즐거운 상품'이 히트 상품이 되었다면 즐거운 논술 답안은 무엇일까? 평가자가 즐기는 답안이다. 학생이 제출한 논술답안의 내용은 대부분 획일화되어 있다. 그 결과 답안을 채점하는 교수는 지루함에 지쳐 있다.

어떤 학생들은 사례를 논의 삼아 구체적으로 설명하는 경우도 있는데 이는 지루함만 가중시킬 뿐이다. 이제는 평가자들이 즐기는 논술답안이 필요한 때이다. 쉬운 방법으로 '참신한 사례를 통한 여운남기기'를 권하고 싶다. 여운은 논술답안을 읽는 평가자의 몫으로 즐기는 대상이 된다.

사례는 자신의 주장을 논리적으로 증명할 때 쓰인다. 여운을 남기기 위한 방법으로 '~이 사례에 해당한다'고만 짧게 제시하면 어떨까? 평가자는 논술 답안의 중심 내용과 참신한 사례의 관련성을 즐겁게 연상할 것이다. 그 결과 논술의 즐거운 맛을 즐긴다. 사례가 참신한 것일수록 평가 교수의 즐거움은 더해간다.

처음의 질문에 대한 답으로 돌아가자. 복잡한 시대에 필요한 지혜는 '단순함과 즐거움'이라 보면 어떨까. 반대의 개념으로 접근한 창의적인 답안이 된다. 전문가들은 검색 사이트 '구글'의 성공 비결로 단순한 메인화면에서 찾는다.

구글의 단순함 속에서는 많은 자료의 즐거움으로 가득 차 있다. 통합논술 답안도 형식이 단순하고 내용이 즐거우면 좋다. 학생들이여, 통합논술 시험에 단순함과 즐거움으로 승부를 걸어보자. 자신의 논술 답안이 바로 히트상품이 될 것이다.

16. 때론 논술답안 작성법도 변하게 하라

흔히 사람들은 규칙을 지켜야 할 대상으로 인식한다. 창의력이 생명인 논술에서도 마찬가지다. 특히 논술답안 작성의 형식에서 규칙의 신봉은 두드러진다. 학생 답안을 평가하다 보면 거의 예외 없이 확인되는 게 있다. 대부분의 학생들은 1000자 내외의 비교적 짧은 답안에서도 '서론, 본론, 결론'을 다 갖추려 한다는 점이다. 이는 학생들이 논술 전문가에게서 배운 '서론, 본론, 결론'의 작법을 답안 분량과 관계없이 무조건 수용한다는 것을 의미한다.

500자 내외의 논술 답안은 본론 형태로, 논제가 요구하는 것을 중심으로 적는 것이 좋다. 그러나 우리가 알고 있는 '서론, 본론, 결론'의 형식은 1600자 정도의 통글의 답안 분량에서 하나의 규칙을 제시한 것일 뿐이다. 그러나 서론, 본론, 결론의 형식이 완벽하게 겉으로 드러나도록 해야 한다는 것은 아니다. 이것은 내용보다는 형식을 강조한 것으로, 요즘 논술은 내용이 물처럼 자연스럽게 흘러가는 경향을 보인다. 뛰어난 목수는 집을 지을 때 나무에 못을 박지 않는다. 나무들의 자연스런 이어짐을 보여주기 위해서는 못을 박아서는 안 되는 것과 같다.

형식을 지킨다는 것은 흥미를 유발하는 방법으로, 논리성을 들어내는 방법으로, 주제를 강조하는 방법으로, 정리를 하는 방법으로 서론, 본론, 결론의 방식이 차용될 뿐이다. 그러나 학생들은 논술 전문가가 1600자 이상에서는 서론, 본론, 결론의 형식으로 답안을 작성하라고 가르쳤으므로 무작정 그런 형식을 맹신하는 것은 아닐까? 그렇다면 전문가들의 가르침이 오히려 학생들의 창의적 사고를 방해하는 것은 아닐까? 이번에는 답안 작성의 규칙도 경우에 따라 파괴될 수 있다는 얘기를 하고 싶다. 먼저 다음 글을 보자.

"스승으로서의 이동백이나 임방울의 자질을 곰곰 생각해볼 때, 그들에게 결함이 있기는커녕 오히려 그들이야말로 진짜 판소리의 스승다운 교수법을 관철하려 한 사람들이 아니었을까 생각이 들기도 한다. 그저 앵무새같이 곱살하게 흉내나 내고, 판에 박은 듯한 가락수나 되풀이하는 정도의 삼류가수라면 모르지만, 그 진수를 전수받는 궁극의 차원에 있어서야 어찌 기계적인 반복이나 안이한 모방으로 그 일이 가능할 것인가? 이동백을 잇기 위해서는 이동백을 뛰어넘어야 하고, 또 임방울을 잇기 위해서는 오히려 임방울과 작별하여 자신의 절망과 부딪혀 들어가야 하지 않을까 한다. 생트 뵈브던가 누구던가 하는 사람은 '2류 시인은 교육으로 가능하나 1류 시인은 교육으로 불가능하다. 2류 시인은 규칙을 준수하나 1류 시인은 규칙을 창조한다'는 요지의 말을 한 바 있다. 넓게 보면 모든 문학, 예술에 두루 통용되는 말이라 할 수 있다."

– 천이두 『천하명창 임방울』

이동백, 임방울이라면 일제 때 전성기를 누린 판소리 명창들이다. 특히 임방울은 요즘 서태지와 맞먹는 판소리 레코드 판매량을 지닌 당대의 슈퍼스타였다. 당시 민중은 왜 임방울에게 그토록 열광했을까? 이유는 간단하다. 누구를 흉내 낸 것이 아니라 그것을 뛰어넘어 자신만의 독특한 창법과 가락을 창조했기 때문이다.

물론 이 정도의 창조성을 학생들 논술 답안에서 기대하는 것은 무리라는 반론이 있을 수 있다. '학생들은 논술 전문가가 아니다'란 말도 덧붙여질 것이다. 그러나 다시 생각해보자. 학생들이 기존 논술 작법을 맹신한다면 사고는 그 고정된 틀 안에서 계속 맴돌 것이다. 고정된 사고는 논술 평가의 핵심인 창조성을 가로막는 장애가 된다.

기실 논술답안 작성법은 끊임없이 변하고 있다. 예컨대 십 년 전엔 서론의 마지막 문장은 반드시 문제 제기를 하라고 가르쳤는데, 요즘은 그곳에 직접 자기주장을 펼치는 것이 채점 교수의 관심을 더 끈다. 학생들에게 이 같은 미세한 차이를 얘기해주면 가뜩이나 어려운 논술을 더 어렵게 느끼게 될 수도 있다.

그렇다면 답안 작성의 큰 틀은 유지하되 작은 부분을 독특하게 써보면 어떨까? 예컨대 서론, 본론, 결론의 형식이 요구되는 1600자가 넘는 글의 경우를 생각해보자. 서론에서 직접 논점을 파고들어 강력한 주장을 하고, 본론에서 반대 의견을 끌어들여 치밀한 논리로 반박한 다음 창의적인 주장을 하고, 결론에서 서론에서 주장한 것을 다시 제시하는 수미상관식首尾相關式은 어떨까? 나만의 강력한 답안 이미지가 채점 교수에게 각인될 수 있을 것이다. 1000자 내외의 글은 논제의 요구에 대해 직접 답을 적는다는 심정으로 첫 문장을 시작하는 것도 하나의 방법이 될 수 있다. 문장을 연결할 때도 접속어의 사용을 가급적 피하는 것이 좋다.

학생들은 논술답안 작성법도 창조의 대상임을 인식할 필요가 있다. 채점자의 관심을 끌려면 논술의 기존 틀을 부분적으로 허물어야 한다. 평범한 답안은 기존의 규칙을 준수하지만, 교수의 관심을 유발하는 답안은 새로운 규칙을 창조한다. 단, 여기서 규칙을 창조한다는 것은 기존의 논술답안 규칙을 완전히 무시하라는 얘기가 아니다. 기존 틀을 바탕 삼아 자신만의 독특한 틀을 만들어 입히라는 것이다. 학생들이여, 논술답안 작성 규칙을 하나씩 창조해보자.

17. 창의적 사고, 100% 영원한 악인은 없다

그전에 미국인들이 미국 버지니아공대 총기 난사 사건 이후 조승희 추모석 앞에서 조의를 표하고 있다. '성숙한 시민의식'은 선진 민주국가의 특징 가운데 하나다. 한국과 토고전의 월드컵 응원전이 끝난 상암 축구경기장에서 관중이 쓰레기를 줍던 사진이 기억난다. 질서의식을 보여준 감동적인 장면이었다. 우리에게는 이처럼 '성숙한 시민의식'이 있지만 '악한 인간'을 대하는 우리 의식에는 그런 면이 부족하다. 악한 인간이 저지른 부정적 결과에만 집착하기 때문이다.

'악한 인간'을 대하는 성숙한 시민의식이란 무엇일까? 그것은 악인이 저지른 부정적 결과에 대해서는 단호한 법 집행이 필요하지만 그 결과를 일으키게 한 과정만큼은 다양한 관점에서 접근할 필요가 있다고 생각하는 것이다. 개인이 한 사회에서 갖는 '책임의식'도 그중 하나다. 이는 특히 충격적인 사건을 슬기롭게 해결하는 데 중요하다. 다음 글을 보자.

"32명의 무고한 목숨을 앗아간 미국 버지니아공대의 총기 난사 참극이 발생한 지 7일째인 22일 이 대학은 빠르게 안정을 찾아가고 있었다. 대학본부 앞 잔디광장에 마련된 헌화대에는 일요일을 맞아 꽃과 양초를 든 추모 행렬이 이어지는 가운데 사망자 1명에 1개씩 추모석 33개가 마련됐다. 특히 왼쪽에서 네 번째 추모석은 범인 조승희의 것. 피해자와 가해자 모두의 넋을 위로하려는 대학 커뮤니티의 노력이 엿보였다. … 조승희의 추모석에는 '바버라' '로라' 등의 이름이 적힌 추모의 글 4, 5개가 눈에 띄었다. 종이에 손으로 쓴 글에는 '너를 미워하지 않아. 오히려 가슴이 아파 온다'거나 '너를 향한 분노가 용서로 변하기를' 같은 용서의 마음이 담겨 있었다."

– 동아일보, 김승련 특파원

얼마 전 우리는 미국 버지니아공대의 참극에 경악했다. 그러면서 미국인이 보여준 성숙한 시민의식에 감동했다. '조승희도 피해자며 희생자'라는 미국인들의 의식은 흑백논리에 익숙한 우리에게 많은 시사점을 안겨줬다. 일반적인 관점이라면 조승희는 영원한 악인이 돼야 한다. 그러나 조승희가 그동안 간직했던 정신적 아픔을 공유하려는 미국인들의 추모는 차원 높은 시민의식의 표현이었다. 즉 '조승희 총격 사건'에서 관용과 포용의 정신을 이끌어낸 것이다. 이는 이른바 미국인들의 창의적 관점의 결과다.

통합논술에서도 마찬가지다. 상식적 관점을 넘어 창의적 관점이 보일 때 높은 점수를 받을 수 있다. 역사적 인물 등을 평가할 때는 결과만 보지 말고 과정에도 집중하도록 한다. 우리의 기억에서 지울 수 없는 악인들도 과정에 주목해 다시 판단할 필요가 있다. 책임 공유를 잣대로 악인을 분석한다면 우리 또한 개인적, 사회적 책임에서 자유롭지 못함을 느낄 것이다. 물론 결과가 판단의 중심은 되겠지만, 과정과 결과를 통합함으로써 새로운 결과를 이끌어낼 수도 있다.

그동안 각 나라에 대한 평가는 경제력, 군사력 등이 기준이 돼왔다. 이는 오늘날 상식이 된 관점이다. 그러나 각 나라를 시민의 사회적 책임의식이란 관점에서 평가한다면 어떨까? 어떤 사건에 대해 시민의 책임 공유 의식이 높다면 사회와 개인 간의 관계를 올바로 인식한 결과로 봐도 무리가 없다. 한마디로, 시민 자신의 소임을 사회적으로 증대하는 책임 공유 인식으로도 이해할 수 있는 것이다. 이른바 선진국형 시민의식이다.

창의적 관점에서 생각한다면, 우리 옆에 '100% 악인'은 없다. '영원한 악인'이 되는 과정에서 우리는 사회적 책임을 완전히 면할 수 없기 때문이다. 사건 결과로 보면 악인이라 해도, 그 과정에서만큼은 '개인과 사회'가 공범이 될 수도 있다. 오늘날 여러 부정적인 사건을 접하면서 과연 우리에게 개인적, 사회적 책임은 없는지 반성해볼 일이다.

논술을 공부하는 학생들이 사회적 사건을 통해 창의성을 기르는 방법에는 무엇이 있을까? 먼저 신문이나 시사주간지의 여러 사건을 과정 중심으로 검토해본다. 즉 사건의 결과에 매달리기보다 그 원인, 동기가 내재된 과정에 초점을 맞출 필요가 있는 것이다. 수험생들은 개인과 사회의 책임론을 사건에 개입시켜 과정과 결과를 아우르는 자신만의 생각을 이끌어내는 것이 중요하다. 그런 과정을 통해 남이 보지 못하는 사건의 본질을 찾아낼 수 있다.

18. 대상에 의문을 품고 의미를 재해석해 보자

'개구리가 뱀을 잡아먹는다.' '사막에 스키장이 있다.' 오늘날 상식이 깨어지고 있다. 절대적 가치로 신봉했던 상식이 허상을 드러내는 것이다. 급변하는 시대에 상식은 상식으로서 추앙받아야 할까? 그렇지 않다. 상식은 깨어지기 위해서 존재한다고 믿어야 한다. 상식이 깨어진 시초는 끊임없는 의문이다. 특히 정보화 사회는 상식이 깨어짐으로 많은 부가가치가 창출된다.

의문은 창의성을 일으키는 바람잡이다. 창의성이 인간 삶의 가치를 생산하는 핵이 된 것이다. 이제 논술 수험생들은 상식에 의문이라는 잣대를 대 보자. 그 결과 삶과 관련된 새로운 가치가 창출된다. 새로운 가치는 대상에 대한 나만의 관점에서 도출된 소중한 자산이다. 의문은 기존의 지식에 또 다른 의미가 추가되는 계기가 된다. 이제 의문은 미래의 삶을 결정짓는 키워드로 작용한다. 여기서 의문은 창의성을 이루기 위한 기본 단계다. 통합 논술이 '창의성 평가'에 중점을 두는 이유가 쉽게 이해된다. 다음의 글을 보자.

"(…) 상식 선에서 고난기를 영화 에필로그로 삽입한 전례가 드물다는 것을 알면서도 이를 마케팅 측면에 적극 활용한 것은 '디 워'가 관객들에게 어필하고 있는 방향성을 면밀히 분석한 선택이었음을 알 수 있다. 관계자들 사이에선 심형래 감독의 에필로그 삽입을 두고 의견이 분분하기도 했지만 일반 관객들에겐 영화의 내적 아쉬움을 감동으로 전환시키는 만족감을 극대화했다. 마지막까지 자리를 뜨지 않고

박수를 보내는 관객들의 모습을 심심치 않게 목격할 수 있었던 것도 그 때문이다. (…)"

– 한국경제신문, 2007년 8월 6일자

영화 '디 워'가 논란의 정점에 섰다는 자체는 성공임을 말해 준다. 논란에 대한 관점을 달리하면 '디 워'가 창의적 측면에서 만들어졌다는 얘기도 된다. 심형래 감독은 "다른 영화에 의문을 품고 나만의 영화를 만들고 싶었다. 그 결과 용龍의 승천에 배경 음악인 아리랑을 넣고 영화 제작 과정의 일화와 성공 의지를 에필로그로 넣었다"고 말했다.

이 말은 창의적인 논술 답안을 작성해야 하는 우리들에게 시사점을 준다. 심 감독의 말은 "대상에 의문을 품고 자신의 관점에서 재해석하라"로 압축된다. 그동안 영화는 감독을 화면에 이름으로만 넣었다. 지금까지 우리나라 영화의 화면은 배우들의 연기로 시작되고 막이 내린다. 영화 제작의 상식이었다. 그러나 디 워의 에필로그는 심 감독 자신만의 창의성을 보여줬다. 그 결과 의문을 통한 재해석으로 관객들의 감동을 극대화했던 것이다.

다수결의 원칙도 마찬가지다. 정치 단체나 기관에서 의사 결정을 할 때 다수의 의견을 따르는 방법, 의사를 통일하는 민주주의 기본 원칙이라는 사전적 의미다. 우리는 '다수결의 원칙'에 어떤 생각을 가지고 있는가? 대다수가 동의하기 때문에 정통성 부여 등의 긍정적 의미를 떠올린다. 물론 상식으로 접근하면 그렇다. 다수의 사람들의 생각은 평범하여 어떤 문제에 상식으로 접근한다. 결국 다수결의 결과는 상식적 결론이라 해도 과언이 아니다.

그러나 시대의 진보를 이뤘던 계기는 한 명의 뛰어난 사람의 생각에서 나왔다. 세종대왕의 한글 창제 등이 역사적 증거가 된다. 오늘날 정치, 종교, 과학, 의학 등의 획기적인 발전도 다수의 생각보다는 소수의 생각에서 나왔다. 특히 여론에 의한 결정 등도 같은 맥락이기에 건전한 의문으로 접근할 필요가 있다. 상식적으로 다수결의 원칙은 민주주의의 기본 원칙이다.

그러나 때론 민주주의 발전의 장애도 됨을 인식해야 한다. 그동안 상식으로 이해했던 것을 의심해 봄으로써 귀중한 가치를 찾아내야 한다. 이른바 다수결 원칙에 대해 의문을 가져 봄으로써 재해석을 한 것이다.

합리성도 같은 맥락에서 접근해 보자. 대부분 현대 사회의 합리성을 긍정적으로 인식한다. 합리적 인간형 추구의 사회적 요구가 이를 증명한다. 역시 합리성의 추구에 '의문'의 잣대로 재해석해 보자. 그 결과 현대 사회의 목적 추구를 위한 합리성은 '인간 소외'를 심화할 뿐이다. 이 과정을 통해 대상이나 현상은 양면성을 지닌다는 의미까지도 읽어내는 능력을 키우면 좋다.

논술을 공부하는 학생들이여, 대상에 대한 가치는 변한다. 관점에 따라 대상의 가치를 창조하여 시대가 요구하는 가치를 짚어낼 수 있다. 학생들이 대상에 대해 의문을 품고 가치를 재해석하는 이유가 여기에 있다.

19. 대상에 대한 자신만의 접근방법을 개발하라

"어느 대학교 논술고사 답안지 3700여 장을 채점하던 교수 10명은 깜짝 놀랐다. 논술 1번 환경 관련 문제에 대해 2000장 가량의 결론이 엇비슷했기 때문이다. '근대화를 추진하되 그로 인해 발생하는 환경문제를 최소화하는 지속 가능한 개발을 추진해야 한다'는 것이었다. 얼핏 보기엔 나무랄 데 없다. 하지만 대학 측은 이렇게 답변한 학생들에게 낮은 점수를 줬다."

어느 일간지의 기사 내용이다. 논술평가자들은 말한다. 논술답안에서 학생들의 자신만의 관점을 보여주지 못한다는 것이다. 그 이면에는 자신의 생각이 없는 판박이 논술답안만을 양산하는 논술 학습방법에 대한 질타도 들어 있다. 그렇다면 어떻게 해야 할까? 대상에 대한 자신만의 접근방법이 필요하다.

탈춤의 내용을 들어 생각해 보자. 탈춤은 전형성과 가변성을 지닌 연극으로 관객에게 감동을 준다. 영국 여왕이 안동 하회탈춤을 감상하면서 발로 흥겨움을 표현한 것이 증명한다. 이런 탈춤의 감동 이유에 많은 학생들은 '전형성과 가변성의 조화'를 결론으로 제시할 것이다. 여기서 문제는 '많은 학생들의 같은 결론'이다. 같은 내용의 결론이 많다보니 수험생 자신의 생각은 실종된 것이다. 이른바 판박이, 붕어빵 답안이다.

만약 탈춤의 전형성에 무게를 두고 결론을 펼친다면 어떨까? 물론 탈춤의 연기자들이 관객들에게 전달해야 할 정해진 메시지이기에 중요성은 있다. 그러나 탈춤 공연의 장소가 어디든 전형성은 바뀌지 않기에 닫힌 내용이 된다. 생명력이 없다. 그렇다면 탈춤의 가변성에 주목하여 결론을 내렸다면 어떨까? 무게로 보면 가변성이 가장 가볍다. 창의적인 학생이라면 이 점을 노려야 한다. 가변성을 선택할 학생들이 적기 때문이다. 이런 상황에 가변성은 즉흥적인 대사나 행동이기에 탈춤의 생명성과 다양성을 확대된다는 결론이 오면 좋다. 탈춤의 미학을 전형성과 가변성의 조화에서 찾은 학생은 판박이 답안으로, 가변성에서 찾은 학생은 창의적 답안으로 분류될 것이다.

영화 '왕의 남자'를 사례로 들어보자. 대부분 학생들은 '왕의 남자'의 흥행 배우로 장생과 공길, 육갑이를 지목한다. '세 사람의 조화'를 대박 요인으로 제시한 것이다. 장생과 공길은 주인공으로 주제 형성에 중요한 노릇을 하고 육갑이는 양념 구실을 했기 때문이다. 주연과 조연의 조화가 빚어내는 시너지 영향도 언급한다. 물론 맞는 말이다. 논술 답안으로 친다면 가장 무난한 답안이다. 우리들은 어떤 대상에 대한 관점을 정할 때 '조화'를 애용한다. 특히 논술을 공부하는 학생들은 조화를 신처럼 추앙하고 있다.

그러나 좋은 내용이라도 많은 사람들이 생각하는 것이라면 판박이 답안이 된다. 나의 생각과 같은 학생들이 많다면 창의적이지 않기 때문이다. 예상되는 선택의 순서는 ① 장생+공길+육갑 ② 공길 ③ 장생 ④ 육갑이일 것이다. 이 순서를 과감하게 바꾸어야 한다. 학생들의 선택이 가장 적을 것으로 예상되는 육갑이를 선택하자. 육갑이를 통하여 나만의 영화 미학을 펼쳐 보이자. 육갑이의 걸쭉한 입담으로 풍자의 맛을 더하고 '아름다운 욕망, 화려한 비극'이라는 미학이 더 진해지지 않았을까. '왕의 남자'의 미학의 본질은 장생과 공길이가 만들어 냈음은 의심할 여지가 없다. 그러나 그 본질을 확산하고, 그 결과 우리의 뇌리에 영속이 가능케 한 인물이 육갑이라는 결론을 이끌어낸다면 어떨까. 이른바 상품은 장생과 공길이 만들고 멋있는 포장과 마케팅은 육갑이가 담당한 결과 히트쳤다고 비유하면 어떨까. 나만의 관점에서 만든 창의성이 돋보인다.

대부분 논술교육은 당장 써먹을 것을 찾기에 치중했다. 영양가 없는, 임시로 먹어서 배만 채우는 논술교육을 했다. 창의성을 죽이는 무서운 논술교육인 셈이다. "상당수 학원들은 논술의 핵심인 사고력과 창의력을 키워주는 대신 틀에 박힌 글쓰기 방법론과 박제된 지식만을 주입하는 실정이다. 이 때문에 대입 논술시험에선 '판박이 답안'이 무수히 양산되고 있다"는 한국경제신문의 생글생글 출범 기사도 같은 맥락의 지적이다. 논술을 공부하는 학생들이여, 오늘부터 신문 등에서 대상·현상을 찾아 나만의 관점으로 새로운 가치를 찾아보자.

20. 대상에 대한 역설적 사고로 접근해 보자

누구나 '찬란한 슬픔의 봄'이란 싯구절을 기억한다. 그 이유는 무엇일까? 김영랑이 유명한 시인이어서가 아니다. 봄에 대한 심리가 '찬란함'과 '슬픔'이라는 모순으로 표현됐기 때문이다. 역설법의 표현이 사용되었다. 삶에 대한 통찰을 역설법이라는 모순형용으로 드러낼 때 설득력 있는 글이 된다.

역설적 사고에는 사람을 감동시키는 창의성이 있다. 역설적 사고는 '언뜻 보기에는 어긋나고 모순되나 사실은 그 속에 진리를 담고 있는 것'을 말한다. 극적인 긴장감을 조성하여 미묘한 정서적 반응을 일깨워 주는 것이 역설적 사고의 효과다. 그런 이유로 역설적 사고는 창의적 사고와 맥을 같이 한다.

논술에서 창의적 사고를 발휘하려면 대상에 대한 역설적 사고방식을 가져야 한다. 다음의 글을 보자.

"콧대가 센 사람의 기를 꺾고 싶을 때 오히려 콧대가 더욱 세지도록 부추겨 주면 어떨까? 마냥 기고만장해 거드름을 피우다가는 돌이킬 수 없을 정도로 무안을 당한다. 그리하여 다시는 콧대를 세우지 못한다. 상대방을 자기편으로 끌어들이고 싶으면 덮어놓고 치근덕거리지 말라. 상대방이 오히려 도망치고 만다. 과단성 있게 내버려 두는 것이 좋다. 그래야 상대방이 마음이 끌려 접근해 온다. 살신성인이란 격언도 같은 취지의 역설적 사고법이다."

– Tong, 거인을 깨우는 피터팬

문장 자체가 호기심을 유발하면 읽는 사람의 머리에 쉽게 기억된다. 상식이 아니기 때문에 그 내용에 관심을 갖게 되고, 묘한 문장 이치 때문에 품격이 생긴다. 수험생들이 이런 역설적 사고에 익숙하다면 어떨까? 그 결과 그동안 인간들이 쌓아왔던 긍정적 가치가 일순간에 사라지기도 하고 반대로 그동안 부정적으로 평가됐던 가치가 새로운 생명을 얻는다. 역설적 사고의 묘한 이치가 발휘되는 순간이다.

김아타라는 예술가가 있다. TV 리포터에 의하면, '얼음으로 만든 마오쩌둥', '녹아가는 마릴린 먼로', '한 폐공장에 놓인 천 개의 얼음' 등 김아타의 사진을 '단 한 장'이라도 본 사람이라면 결코 그를 잊지 못한다고 한다. 그는 "사라지게 하여 존재의 가치를 극대화하는 기법에 혼신의 노력을 한다"라고 한다. 김아타의 역설은 자신만의 미학을 보여주는 창의적 사고다. 만약 김아타의 작품들이 역설적 미학으로 만들어지지 않았다면 높은 평가를 받지 못했을 것이다.

빌 게이츠가 그의 작품을 구매하고, 뉴욕타임스가 참신한 작가라고 극찬한 사실이 그의 명성을 증명한다. '사라지게 하여 존재의 가치를 극대화'한 작품들은 김아타만의 창의적 관점으로 세상의 가치를 새롭게 생성한 것이다. 패러독스 경영에 역설적 사고를 진전시켜 보자.

패러독스 경영은 상충되는 요소들이 한 조직 내에서 상호 조화를 이루면서 공존할 수 있도록 관리하는 것을 말한다. 과거의 경우는 이분법적으로 판단해 수익을 창출하는 요소들만 모아 기업을 운영했었다. 그러나 오늘날 성공한 기업들은 한 가지 경영만 고집하지 않고 상호 배타적 요소를 동시에 추구하여 경쟁력이 강화되었다.

한 어항에 미꾸라지와 메기를 같이 넣어 기르는 것과 같다. 미꾸라지는 안 잡히려고, 메기는 잡으려는 역설적 동거가 생태계의 건강성을 유지시킨다. '양자택일의 시대는 끝나고 상호 배타적이고 모순적 특징들이 동시에 존재할 수 있다'는 어떤 학자의 말은 같은 맥락에서 이해된다. 인간들에게 호평을 받는 고전들도 역설적 관점을 보여주고 있다.

'장자'가 대표적이다. 이현구 교수는 "장자의 문장은 설득력 있는 비유로 통념을 깨뜨리고, 끝없는 환상과 꿈의 세계로 독자들을 몰고 가서, 한 순간에 평범한 인생에 대한 환멸을 가르쳐 준다. 첫머리에 나오는 이야기는 독자의 선입견을 완전히 휘저어 놓고 시작한다"고 말한다. 장자는 모순된 문장의 역설적 구조가 압권이다. 역설적 사고는 다양한 사고를 유도하여 사물의 본질에 접근하게 한다. 장자가 대학 논술시험의 제시문으로 가장 많이 출제되는 이유가 된다.

논술을 공부하는 학생들이 창의성을 향상시키려면 대상에 역설적 사고로 접근하면 좋다. 넓고 깊은 사고의 소유자일수록 역설적 사고에 능하다. 우리는 일상생활에서 논리의 정당성에 기초해 판단해왔다. 물론 상식적인 결과는 이끌어 냈으나 다양한 가치는 생산해 내지 못했다. 이제 인간의 다양한 삶에 역설적 사고를 적용해 재해석하는 연습을 해보자.

21. 대상에 대한 상식에 새로운 가치를 제시해보자

'게으름'에 대하여 어떻게 생각하는가? 이 질문에 학생들은 '부정적'
으로 답변한다. '게으름=부정적'이라는 공식은 상식이기 때문이다. 우
리 민족이 '부지런함'으로 경제성장을 이룩했다는 논리가 더해지면 그
상식은 더 공고해진다. 효율성만을 추구하는 사회가 '게으름'을 공공
의 적으로 만들었다. '게으름'은 사회적 가치인 합리성과 효율성 추구
에 도움이 안 된다는 것이다.

그러나 '게으름'을 이런 의미로만 봐야 하는가? 다음의 글을 보자.

"21세기를 사는 현대인들에게 점심 식사가 의미하는 것은 무엇일
까. 서글프게도 점심은 아주 현실적인 용도의 의미로 축소되었다. 한
가한 식사라는 전통은 새로운 노동 윤리에 무참히 패하고 말았다. 단
시간 내에 배고픔을 해결할 수 있는 가장 효율적인 수단으로써 샌드
위치가 급부상했다. 그리하여 사람 사이의 사귐과 즐거움이란 점심
메뉴에서 사라져버렸다. 우리는 점심시간을 돌려달라고 요구해야 한
다. 제대로 된 점심이란 육체적으로, 그리고 정신적으로도 영양을 공
급하는 것이어야 한다. 편안하고 유쾌하며 흥겨운 교제의 장, 그런 점
심시간이야말로 게으름꾼을 위한 것이다."

– 콤 호지킨슨, 『게으름을 떳떳하게 즐기는 법』

게으름의 점심시간은 인간적인 정을 느끼는 결과를 가져다준다. 이
른바 게으름의 단점을 장점으로 바꾼 창의적인 사고이다. 현대 사회구

조의 핵인 '효율성'에 초점을 맞춘다면 '게으른 점심'은 용납하기 힘들다. 현대 사회의 시스템은 목적 달성을 위한 효율성이 절대 기준이기 때문이다.

그러나 관점을 바꾸어 인간의 정을 회복하는 방법은 다름 아닌 '게으름'에 있다. 여기서 게으름은 사전적 의미를 확대 재해석하고 현대 사회의 특징에 적용함으로써 얻은 긍정적 가치이다. 게으름의 본질을 더욱 확산시켜보자

요즘 재택근무를 하는 회사가 늘어나고 있다. 재택근무는 집에서 근무하기 때문에 많은 자율성이 부여된다. 자료에 의하면 정신학적으로 재택근무는 창의력을 많이 증가시킨다고 한다. 게으름은 휴식이란 이름으로 인간들에게 많은 정신적 자양분을 제공하여 큰 성과를 거둘 수 있다. 게으름을 통해 창의적 결과를 얻으려는 신개념의 직장이 재택근무인 셈이다.

직장인의 휴가도 같은 맥락에서 이해된다. 언론에 따르면 요즘 대기업들은 5년마다 1개월의 안식휴가를 주는 곳도 있다는 것이다. 일반적인 회사가 10년 이상 근무해야 안식휴가를 주는 것과 대조적으로 대기업은 직원의 창의성을 키우기 위해 안식휴가라는 신개념을 도입한 것이다. 창의성을 향상시키기 위해 게으름을 택한 셈이다.

김정운 명지대 교수(여가경영학과)가 "휴식과 재미가 창조성의 기반이라며, 한국인은 '일벌레 콤플렉스'에서 벗어나야 성공할 수 있다"고 강조한 말에 주목할 필요가 있다. 휴식과 재미는 본질적으로 게으름과 연결된다 해도 무리가 없다. 목적을 위한 효율성과 합리성의 강조는 결과에 과정을 종속하게 만든다. 효율성만을 강조하는 회사라면 회

사원에게 지루함만 가중시킬 뿐이다.

그러나 게으름은 규칙과 기계적인 반복에서 우리를 탈출시켜 준다. 또한 게으름은 외부의 감시를 차단시키고 자신의 자율성을 극대화시켜 준다. 더 나아가 합리성에 가려진 우리 자신의 정체성을 찾는 요소로도 작용한다. 이른바 게으름의 미학이다.

우리는 일벌레, 근면성 등을 성공을 위한 최고의 가치로 강요받았다. 특히 과거 산업사회에서는 더욱 그랬다. 생산량의 확대를 위해 야간근무를 수행할 일벌레가 필요했기 때문이다. 그 결과는 인간의 정신적 황폐화였다.

그러나 오늘날 정보화 사회에서는 이런 가치들이 깨져야 한다. 인간의 정신적 공간 확대를 위해서는 과감한 '게으름'이 필요하다. 게으름은 직장에서 휴가로, 여행으로, 안식년의 이름으로 구체화된다. 논술을 공부하는 학생들은 부정적 가치를 긍정적 가치로 바꾸려는 노력이 필요하다. 이러한 노력은 인간 삶의 본질을 찾기 위한 좋은 방법이다.

특히 통합논술에서는 새로운 가치를 창출하는 사고능력을 요구한다. 기존의 가치를 신선한 논리로 허물고 창의적 대안을 제시한다면 어떨까? 채점자들이 감동할 것이다. 논술을 공부하는 다른 학생들과 차별화된 답안이기 때문이다.

게으름을 진정한 삶의 맛으로 가치를 변화시켜 보듯 다른 대상들도 그 가치를 새롭게 변화시켜 보자. 우리가 찾지 못했던 삶의 진실을 발견할 수 있다.

22. TV의 광고는 논술 사고의 창의성 집합체이다

'길거리에서 낯선 사람들이 서로 끌어안고 하나가 된다', '어두운 밤 바다에서 등대 하나가 불빛만 깜빡인다. 궁금증이 최고조에 이를 무렵 쭛쭛라는 로고가 떠오른다'. 그전에 TV에 나오는 광고들의 장면이다. 광고는 짧은 시간 안에 창의성으로 승부를 걸기 때문에 논술에 활용하면 도움이 된다. 광고를 창의성의 덩어리라고 하는 것은 광고가 창의성으로 시청자의 시선을 잡고, 구체성으로 시청자와의 거리를 좁히기 때문이다. 광고에서는 우리의 상식이 깨진다.

얼마 전에는 흑백광고들이 눈길을 끌었다. 컬러텔레비전에 흑백으로 승부수를 던진 것이다. 모든 광고가 컬러인데 이 광고만 흑백이어서 시청자의 눈길을 사로잡는 데 성공했다. 한마디로 차별화 전략이다.

"SK텔레콤 신규 대표브랜드 T에서 선보인 '나는 나를 좋아한다'의 CF가 차별화된 메시지와 연출기법으로 주목받고 있다. … 이번 광고는 전달하고자 하는 메시지와 연출 구성, 기법 등 모든 면에서 '차별화'를 최우선 과제로 삼았다. 이를 통해 기존 T고객뿐 아니라 잠재 고객들의 마음까지 사로잡겠다는 의도에서다."

– 파이낸셜 뉴스, 강두순 기자

광고는 광고인들이 많은 시간과 노력을 투입하는 만큼 기발한 발상이 가능하다. 그러나 논술은 수험생들이 시험장에서 2시간여 만에 써내야 하는 현실적 제약이 있다. 즉 논술시험에서는 시간과도 싸워야 하는 것이다. 사실 짧은 시간 안에 수험생이 창의성을 완벽하게 발휘하기는 불가능하다. 그러나 수험생 자신만의 관점에서 나온 차별성의 일단은 보여줄 수 있다. 광고의 신선한 맛이 논술답안의 주장이나 근거에 조금이라도 적용되면 좋은 점수를 받을 수 있다는 의미다. 수험생의 관점을 현실 상황에 적용해 논의를 펼칠 때 '새로움'이 느껴진다면 창의성 있는 논술답안이 된다. 또한 자신의 주장에 대한 논증 방식이 다른 수험생과 '차별화'된다면 채점자가 흥미를 느낄 것이다.

'우리나라의 교육열'을 주제로 광고를 만든다면 어떨까? '우리나라는 교육열이 높다'는 내용만 담는다면 시청자들의 눈길을 잡는 데 실패하고 말 것이다. 차별화가 이뤄지지 않았기 때문이다. 시청자의 관심을 끌기 위해서는 '우리나라는 교육열이 낮다'고 주장하는 것이 좋다. 역발상의 기법을 적용하는 것이다.

마찬가지로 '교육열'이 논술문제로 나왔다면 어떻게 쓸까? 많은 학생들은 '교육열이 높다'라는 주장을 여러 사례를 통해 증명해보일 것이다. 물론 틀린 답안은 아니다. 단, 너무 상식적이라는 점이 문제다. 이보다는 우리나라의 교육열은 신분상승 등을 추구한 부정적 인식의 결과라는 논리로 써 내려가는 것이 좋다. 서울대의 한 교수는 논술 특강에서 "우리나라 학부모들은 자녀가 대학에 들어가는 순간 교육에 대한 관심도 끝이다"라고 말했다. 이 말은 우리나라의 그릇된 교육열과 관련해 시사하는 바가 크다.

추상적인 내용만을 제시한 광고는 대부분 우리의 관념 속에서만 맴돌다 사라진다. 추상성은 이미지가 선명하지 못하기 때문이다. 논술답안에도 추상적 내용이 가득하면 설득력이 떨어질 수밖에 없다.

대학교 모의고사 논술 자료집에 따르면, 조선 말기와 세계화 시대의 비교를 묻는 4번 문항에 대해 '우리의 주체성을 위해 세계적 성찰이 필요함을 인식, 빠른 대응이 요구된다'는 식의 추상적 답이 많았다고 한다. 김경범 서울대 교수는 "대부분의 학생들이 구체적, 창의적 방안을 쓰지 않고 '사람들이 모여서 대화로 해결하면 된다'는 추상적 결론을 내놓았다"면서 "이런 답안은 절대 좋은 점수를 받을 수 없다"고 말했다.

우리가 접하는 광고는 창의성의 집합체다. 따라서 인기 스포츠나 드라마 사이에 방송되는 광고에서 창의성을 찾아보는 자세가 필요하며, 다른 광고와의 차별화 전략도 파악해보자. 그리고 TV를 볼 때 광고 때문에 다른 프로그램을 보는 것이라고 생각하자. 이처럼 역발상의 생활화가 창의력 향상에 도움이 된다. 또 인터넷을 검색해 전문가의 광고 분석 내용과 자신의 분석 내용을 비교해보는 적극적인 자세도 필요하다. 실제 논술답안을 쓸 때는 주장의 사례로 광고 내용을 폭넓게 활용하자.

IV

창의성을 키우는
논술학습의 실제

창의성을 키우는 논술학습 (1)

🌿 다음 제시문의 그림을 보고 자신의 새로운 생각을 만들어 봅시다.

(가) 봄의 경치

(나) 가을의 경치

1. 상식적으로 생각하기

🌿 제시문의 그림을 보고 떠오르는 생각을 말해 봅시다.

(가)	(나)

 상식적인 생각 엿보기

(가) 봄, 철쭉, 진달래, 개나리, 봄꽃여행, 봄꽃축제, 봄 소풍, 춘곤증,
봄나물, 새 생명

(나) 가을, 축제, 추수감사절, 열매, 오곡백과, 추석, 가을음악회,
풍요로움, 사계, 가을여행

2. 창의적으로 생각하기

✍ 제시문의 그림을 보고 다양한 관점에서 생각해 봅시다.

_____

_____

_____

_____

_____

창의적인 생각 엿보기

> (가) 희망의 계절, 결혼의 계절, 생명이 싹트는 계절, 싱그러운 계절, 활력이 솟는 계절
>
> (나) 낭만의 계절, 연인들의 사랑이 익어가는 계절, 열매를 맺는 계절, 고운 단풍으로 아름다운 계절, 낙엽이 쌓여 쓸쓸하고 외롭지만 사랑스런 계절

3. 내 생각을 논술하기

✍ 제시문의 (가) '봄'과 (나) '가을'에 대한 내 생각을 자신의 경험을 바탕으로 다양한 관점에서 논술해 봅시다.

_____

_____

_____

_____

_____

창의성을 키우는 논술학습 (2)

🍃 다음 그림을 보고 자신의 새로운 생각을 만들어 봅시다.

1. 상식적으로 생각하기

🍃 제시문의 그림을 보고 떠오르는 생각을 말해 봅시다.

상식적인 생각 엿보기

– 잔인하다. 양이 아플 것이다. 동물이 불쌍하다.
– 신기하다.
– 양털은 따뜻하다.
– 양이 많이 있는 나라일 것이다.
– 호주나 뉴질랜드가 생각난다.

2. 창의적으로 생각하기

🌿 제시문의 그림을 다양한 관점에서 생각해 봅시다.

_____

_____

_____

_____

_____

창의적인 생각 엿보기

– 양은 사람을 위해 존재하는 것일까? – 양털은 어떤 곳에 쓰여 질까?
– 양이 많은 나라는 어디일까? – 털이 깎일 때 양은 무슨 생각을 할
까? – 내가 양이라면? – 내가 양털 깎는 사람이라면? – 나에게 양털
옷이 주어진다면? – 엄마 양은 자식 양털이 깎일 때 무슨 생각을 할까?
– 양이 많은 나라에 사는 사람들은 양털 옷을 많이 입고 다닐까? – 털
이 깎일 때 어떤 기분일까? 시원할까? 아플까?

3. 내 생각을 논술하기

🌿 제시문의 그림에 대한 내 생각을 다양한 관점에서 글로 적어 봅
시다.

_____

_____

_____

_____

_____

창의성을 키우는 논술학습 (3)

🌿 제시문의 문장 부호를 보고 자신의 새로운 생각을 만들어 봅시다.

> ! ? " "

1. 상식적으로 생각하기

🌿 제시문의 문장 부호를 보고 떠오르는 생각을 글로 적어봅시다.

 상식적인 생각 엿보기

– 느낌표와 물음표와 큰따옴표이다.

– 느낌표가 맨 앞에 있고 중간에 물음표, 마지막에 큰따옴표가 있다.

– 느낌표는 감탄할 때 쓰이는 문장부호이다.

– 물음표는 물어보는 문장 뒤에 쓰이는 기호이다.

– 큰따옴표는 사람이 말하는 내용 등을 기록할 때 쓰이는 기호이다.

2. 창의적으로 생각하기

🍃 제시문의 문장 부호를 보고 다양한 관점에서 글로 써봅시다.

_____

_____

_____

_____

_____

창의적인 생각 엿보기

– 느낌표가 왜 맨 앞에 있을까? – 물음표는 왜 가운데 있는 것일까?
– 큰따옴표는 왜 마지막에 위치하고 있을까? – 느낌표와 물음표 사이
에는 무엇이 있을까? – 물음표와 큰따옴표 사이에는 무엇이 있을까? –
사람들은 언제 많이 감동할까? – 나는 감동을 자주 하는 편일까? – 사
람들은 말을 할 때 어떤 태도로 말을 할까? - 자주 의문을 갖고 문제를
해결하려고 노력할까? – 사람들은 의문이 있을 때 어떻게 문제를 해결
할까? – 나는 말이 많은 사람일까? 생각이 많은 사람일까? – 나는 다
른 사람에게 말을 할 때 어떤 태도로 어떤 생각을 갖고 말을 할까?

3. 내 생각을 논술하기

🍃 제시문의 세 개의 문장부호인 '느낌표'와 '물음표'와 '큰따옴표'에
대한 내 생각을 다양한 관점에서 글로 써 봅시다.

_____

_____

_____

_____

_____

창의성을 키우는 논술학습 (4)

🌿 다음 제시문의 그림을 보고 자신의 새로운 생각을 만들어 봅시다.

(가) 아기 옷   (나) 양말

1. 상식적으로 생각하기

🌿 제시문의 (가)와 (나)의 그림을 보고 떠오르는 생각을 말해 봅시다.

🌐 상식적인 생각 엿보기

– 아기 옷과 양말이다.   – 나의 어린시절이 생각난다.

– 귀엽다, 사랑스럽다.   – 아주 작다.

– 내 동생 옷이 생각난다.   – 아기에게 줄 선물일 것 같다.

– 털로 짠 옷과 양말이다.   – 아기들이 좋아할 것이다.

2. 창의적으로 생각하기

🍃 제시문의 (가)와 (나)의 그림을 다양한 관점에서 생각하고 글로
써봅시다.

_____

_____

_____

_____

_____

 창의적인 생각 엿보기

> – 아프리카의 아기들이 생각난다. – 옷이 없는 아기에게 주고 싶다.
> – 생명, 희망의 선물이다. – 인간애가 느껴진다. – 엄마의 사랑이 느
> 껴진다. – 누구에게는 하찮은 물건이지만 누구에겐 생명을 살리는
> 소중한 물건이 될 수 있다. – 내가 세상에 태어났을 때의 모습이 상
> 상된다.

3. 내 생각을 논술하기

🍃 제시문의 (가)와 (나)의 그림에 대한 내 생각을 다양한 관점에서
글로 써 봅시다.

_____

_____

_____

_____

_____

창의성을 키우는 논술학습 (5)

🍃 다음 제시문을 읽고 자신의 새로운 생각을 만들어 봅시다.

(가) 할머니 산채 비빔밥   (나) 할머니 뼈다귀 해장국

1. 상식적으로 생각하기

🖋️ 제시문의 (가) '할머니 산채 비빔밥'과 (나) '할머니 뼈다귀 해장국'이란 단어에서 떠오르는 생각을 말해 봅시다.

(가)	(나)

 상식적인 생각 엿보기

- (가)와 (나)는 음식점 간판 이름이다.
- (가)는 산나물 비빔밥 음식점이고 (나)는 돼지 뼈로 만든 해장국 음식점을 말한다.
- (가)와 (나)는 둘 다 우리 조상들이 좋아하는 음식점 이름이다.

2. 창의적으로 생각하기

🌿 제시문의 (가) '할머니 산채 비빔밥'과 (나) '할머니 뼈다귀 해장
국'이란 음식점 간판에서 떠오르는 생각을 다양한 관점에서 적
어 봅시다.

_____

_____

_____

_____

🔲 창의적인 생각 엿보기

- (가)와 (나)는 둘 다 외국 사람들이 오해하기 쉬운 음식점 이름이지만
  독특해서 좋다.
- (가)와 (나)는 외국 사람들이 이름이 이상해서 처음 호기심에 방문했
  다가 맛을 보고는 그 맛에 취해 자주 찾을 음식점들이다.
- (가)와 (나)는 둘 다 외국에서 찾아보기 어려운 음식점들이다.
- (가)와 (나)는 둘 다 외국에서 인기 있을 가능성이 있는 음식점들이다.

3. 내 생각을 논술하기

🌿 제시문의 (가) '할머니 산채 비빔밥'과 (나) '할머니 뼈다귀 해장
국'에 대한 내 생각을 다양한 관점에서 글로 써 봅시다.

_____

_____

_____

_____

_____

창의성을 키우는 논술학습 (6)

🍃 다음 제시문을 읽고 자신의 새로운 생각을 만들어 봅시다.

> ### '사공이 많으면 배가 산으로 간다.'

1. 상식적으로 생각하기

🍃 제시문의 '사공이 많으면 배가 산으로 간다'라는 문장에서 떠오르는 생각을 말해 봅시다.

 상식적인 생각 엿보기

- 옛날 우리나라의 속담이다.
- 의견이 많으면 목표에 어긋난다는 뜻이다.
- 사공이 많으면 마음이 맞지 않아 목적지에 도달하지 못하고 엉뚱한 곳에 도달한다는 뜻이다.
- 사공이 많으면 많은 사람의 의견이 부딪쳐서 문제가 발생한다.
- 많은 사공보다 유능한 한 사람의 지도자가 더 중요할 수 있다.
- 한 사람의 지도자의 역할이 많은 사람들의 의견보다 더 중요할 수 있다.

2. 창의적으로 생각하기

🍃 제시문의 '사공이 많으면 배가 산으로 간다'라는 문장에서 떠오르는 생각을 다양한 관점에서 적어 봅시다.

_____

_____

_____

_____

창의적인 생각 엿보기

- 의견이 많으면 독창성과 다양성으로 더 큰 일을 해낼 수 있음을 의미한다.
- 다양한 의견이 서로 밀어내고 경쟁하는 것이 아니라 시너지효과를 이룬다면?
- 사공이 많으면 오히려 더 먼 바다까지 갈 수 있음을 의미한다.
- 여러 의견이 많으면 불가능한 일도 가능해질 수 있다.
- 사공이 많으면 일손이 많아져서 함께 배를 들고 산으로 옮길 수도 있다.
- 여러 사람이 힘을 합쳐 더 가치 있는 일을 만들어 낼 수 있다.
- 강력한 리더의 필요성이 느껴진다.

3. 내 생각을 논술하기

🍃 제시문의 '사공이 많으면 배가 산으로 간다'라는 문장에서 떠오르는 생각을 다양한 관점에서 글로 써 봅시다.

_____

_____

_____

_____

창의성을 키우는 논술학습 (7)

🍃 다음 제시문을 읽고 자신의 새로운 생각을 만들어 봅시다.

> ### '따로 함께'

1. 상식적으로 생각하기

🍃 제시문의 '따로 함께'라는 문장에서 떠오르는 생각을 말해 봅시다.

🌐 **상식적인 생각 엿보기**

- 따로는 각자, 함께는 협동이 생각난다.
- '따로 함께'는 각자 힘을 모아 협동하자는 의미인 것 같다.
- '따로 함께'는 요즘 사람들이 즐겨 사용하는 새로 생긴 말인 것 같다.

2. 창의적으로 생각하기

🍃 제시문의 '따로 함께'라는 문장에서 떠오르는 생각을 다양한 관점에서 적어 봅시다.

_____

_____

_____

_____

창의적인 생각 엿보기

– 따로는 개성, 함께는 조화와 협동이 생각난다. – '따로 함께'는 각자 개성이 다르지만 독특한 개성을 살리면서 조화를 이루어 더 아름다운 세상을 만들어 갈 수 있는 보이지 않는 힘을 말한다. – '따로 함께'는 몸은 따로 이지만 생각과 마음은 언제나 함께하는 가족과 같은 것이다. – '따로 함께'는 세상 모든 사람들의 생김새도 다르고 생각도 다르지만 지구촌 사회에서 함께 어울려 살아야 하는 세상임을 의미한다. – '따로 함께'는 혼자서는 결코 살 수 없는 서로 돕고 살아야 하는 나눔과 소통의 사회를 의미하는 것 같다. – '따로 함께'는 친구가 생각난다. 존재는 따로 있지만 마음은 함께 하기 때문이다.

3. 내 생각을 논술하기

🍃 제시문의 '따로 함께'라는 문장에서 떠오르는 생각을 다양한 관점에서 글로 써 봅시다.

_____

_____

_____

_____

창의성을 키우는 논술학습 (8)

다음 제시문을 읽고 자신의 새로운 생각을 만들어 봅시다.

(가) 나	(나) 너	(다) 우리

1. 상식적으로 생각하기

제시문의 '나'와 '너', '우리'란 단어에서 떠오르는 생각을 말해 봅시다.

(가)	(나)	(다)

상식적인 생각 엿보기

– '나'와 '너'는 우리를 말한다.
– (가)는 나 자신을 의미하고 (나)는 상대방을 의미한다.
– (가)와 (나)는 둘 다 사람을 가리킬 때 쓰는 말이다.
– (가)와 (나), (다)는 떼려야 뗄 수 없는 필요충분 관계이다.

2. 창의적으로 생각하기

📝 제시문의 '나'와 '너'란 단어에서 떠오르는 생각을 다양한 관점에서 적어 봅시다.

_____

_____

_____

_____

창의적인 생각 엿보기

- '나'와 '너'는 우리가 함께 하는 세상을 말한다.
- '나'는 나 자신의 세계를 의미하고 '너'는 상대방의 세계를 의미한다.
- (가)와 (나)는 둘 다 우리가 조화를 이루며 함께 만들어 나가야 할 세상이다.
- '나'와 '너'는 개성이 다르고 생김새도 다르다.
- '나'와 '너'는 '따로'이면서 '함께'이다.
- '나'와 '너'는 우연이 아니라 필연이다.
- '나'와 '너', '우리'는 글로벌화와 다문화를 생각나게 한다.

3. 내 생각을 논술하기

📝 제시문의 '나'와 '너' 그리고 '우리'에 대한 자신의 생각을 다양한 관점에서 글로 써 봅시다.

_____

_____

_____

_____

창의성을 키우는 논술학습 (9)

🍃 다음 제시문을 읽고 자신의 새로운 생각을 만들어 봅시다.

(가) 사색	(나) 검색

1. 상식적으로 생각하기

🍃 제시문의 (가) '사색'과 (나) '검색'이란 단어에서 떠오르는 생각을 말해 봅시다.

(가)	(나)

 상식적인 생각 엿보기

- (가)는 독서, (나)는 컴퓨터와 스마트폰이 떠오른다.
- (가)는 머리로 생각하는 것 (나)는 있는 정보를 찾아보는 것이다.
- (가)는 나이 든 사람들이 주로 하고 (나)는 학생들이나 젊은 사람들이 주로 한다.
- (나)는 '숙제', '쇼핑', '길 찾기' 등 사람들의 생활을 편리하게 해 준다.
- 사색도 필요하고 검색도 필요하다.

2. 창의적으로 생각하기

🍃 제시문의 (가) '사색'과 (나) '검색'에 대한 나만의 생각을 다양한
관점에서 적어 봅시다.

_____

_____

_____

_____

창의적인 생각 엿보기

- 세상이 발전할수록 사람들은 사색하기보다는 검색하기를 좋아한다.
- 사색은 창조를 검색은 모방을 창출할 것이다.
- 사색하기는 검색하기보다 훨씬 더 많은 시간과 노력을 요구한다.
- 검색은 새로운 사실을 알게 해주나 때로는 잘못된 정보로 오류를 낳
  기도 한다.
- 사색 후 검색하면 더 좋은 정보를 얻을 수 있다. 내 생각과 다른 사
  람들의 생각을 합쳐서 더 좋은 결과를 얻을 수 있다.
- 요즘 사람들은 사색하기보다는 검색하기를 좋아한다. 검색은 사색의
  적이다.

3. 내 생각을 논술하기

🍃 제시문의 (가) '사색'과 (나) '검색'에 대한 내 생각을 다양한 관점
에서 글로 써 봅시다.

_____

_____

_____

_____

창의성을 키우는 논술학습 (10)

🍃 다음 제시문을 읽고 자신의 새로운 생각을 만들어 봅시다.

(가) 나눔	(나) 소통

1. 상식적으로 생각하기

🍃 제시문의 '나눔'과 '소통'이란 단어에서 떠오르는 생각을 말해 봅시다.

(가)	(나)

 상식적인 생각 엿보기

– (가)와 (나)는 사람들이 살아가는 사회에서 꼭 필요한 말이다.
– (가)는 나눠주는 것이다. (나)는 서로 통하는 것이다.
– (가)는 여러 상황에 따라 필요하다.
– (나)는 현대사회에서 꼭 필요하다.

2. 창의적으로 생각하기

📝 제시문의 (가) '나눔'과 (나) '소통'이 우리 사회에서 없어서는 안 될 꼭 필요한 것임을 다양한 관점에서 생각해 봅시다.

_____

_____

_____

_____

🖥️ 창의적인 생각 엿보기

현대사회에서 '나눔'과 '소통'은 꼭 필요하다. 내가 가진 것들 돈, 재산, 생각, 지혜 등 내가 다른 사람에게 나누어 줌으로써 더 아름다운 세상을 만들 수 있고 내 마음도 더 부유해질 수 있기 때문이다. 사람들은 각자 주어진 재능과 특기와 달란트가 있기 때문에 내가 갖고 있는 것들을 발견하여 다른 사람에게 도움을 줄 수 있는 것이다. 가난해도 마음이 따뜻한 사람은 물질이 아니더라도 몸으로, 마음으로 따뜻한 온정을 나누어 줄 수 있다. 또 소통하는 사회에서 서로 마음이 소통하고 경제가 소통하고 생각이 소통할 때 서로를 더 잘 이해하고 용서하며 따뜻한 세상을 만들 수 있을 것이다.

3. 내 생각을 논술하기

📝 제시문의 '나눔'과 '소통'에 대한 내 생각을 다양한 관점에서 글로 써 봅시다.

_____

_____

_____

_____

창의성을 키우는 논술학습 (11)

🍃 다음 제시문을 보고 자신의 새로운 생각을 만들어 봅시다.

(가) 돌연변이 쌍둥이 복숭아 사진   (나) 돌연변이 네 쌍둥이 딸기

출처: http://cafe.daum.net/bpsenior11

1. 상식적으로 생각하기

🍃 제시문의 두 사진을 보고 떠오르는 생각을 말해 봅시다.

(가)	(나)

 상식적인 생각 엿보기

 – (가)는 돌연변이 복숭아다.   (나)는 돌연변이 딸기이다.
 – (가)는 이상하게 생겼다.   (나)는 특이하게 생겼다.
 – (가)는 쌍둥이 복숭아 같다.   (나)는 뚱뚱한 딸기라 보기 흉하다.
 – (가)와 (나) 모두 일본 방사능으로 인한 피해를 본 과일들이다.

2. 창의적으로 생각하기

✐ 제시문의 (가) '돌연변이 복숭아'와 (나) '돌연변이 딸기'가 왜 돌연변이가 되었을지 다양한 관점에서 생각해 보고 해결책을 찾아봅시다.

창의적인 생각 엿보기

- (가)의 돌연변이 복숭아와 (나)의 돌연변이 딸기는 보기 드문 모양의 과일이다.
- 일본 방사능 누출로 생성된 악마의 열매이다.
- 원래의 과일보다 과일 크기가 매우 크고 먹을 양이 많다.
- 보기 흉해서 입맛이 사라진다. 과일이 좋은 효과보다는 안 좋은 결과를 낳을 수도 있다.
- DNA 연구로 크기가 크고 맛도 더 좋은 과일 연구가 기대된다.

3. 내 생각을 논술하기

✐ 제시문의 (가) '돌연변이 복숭아'와 (나) '돌연변이 딸기'를 보고 내 생각을 다양한 관점에서 글로 써 봅시다.

🍃 다음 제시문을 보고 자신의 새로운 생각을 만들어 봅시다.

(가) 지구온난화로 인한 빙하의 변화   (나) 지구온난화로 인한 가뭄

1. 상식적으로 생각하기

🍃 제시문의 (가)와 (나)의 사진을 보고 떠오르는 생각을 말해 봅시다.

(가)	(나)

 상식적인 생각 엿보기

- (가)는 지구온난화로 인한 빙하가 녹는 사진이다.
- (나)는 지구온난화로 인한 가뭄의 문제 사진이다.
- (가)와 (나)는 요즘 사람들이 모두 걱정하는 문제이다.

2. 창의적으로 생각하기

🍃 제시문의 (가)와 (나)의 사진을 보고 다양한 관점에서 생각해 봅
   시다.

_____

_____

_____

_____

> 🔲💡 창의적인 생각 엿보기
>
> - 지구온난화로 인한 (가)의 빙하가 녹는 사진과 (나)의 가뭄문제에 대
>   한 심각한 대책이 필요하다. 지구를 살리기 위한 방법을 찾아보고 인
>   류의 생존문제를 고민해 볼 필요가 있다.
> - 과학과 창조의 의미를 되새겨 볼 필요가 있다.
> - 지구는 인류를 위해 존재하는가, 인류가 지구를 위해 존재하는가?
> - 지구와 인류의 상호존재 관계를 생각해 보고 인간의 한계성도 생각
>   해 보자.
> - 아름다운 지구를 살리고 인류의 번영과 발전도 도모할 수 있는 미래
>   의 세계를 현실화하도록 창의적인 생각을 해 보자.

3. 내 생각을 논술하기

🍃 제시문의 (가)와 (나)를 보고 지구온난화와 인류의 생존문제에
   대한 내 생각을 다양한 관점에서 글로 써 봅시다.

_____

_____

_____

_____

창의성을 키우는 논술학습 (13)

🍃 다음 제시문의 사진을 보고 자신의 새로운 생각을 만들어 봅시다.

겉은 딸기인데 속은 오렌지

출처: 구글

1. 상식적으로 생각하기

🍃 제시문의 사진을 보고 떠오르는 생각을 말해 봅시다.

 상식적인 생각 엿보기

- 겉은 딸기이고 속은 오렌지이다.
- 맛이 어떨까 궁금하다.
- 참 신기하다.
- 이런 과일이 실제 존재하는지 궁금하다.

2. 창의적으로 생각하기

✿ 제시문의 사진을 보고 다양한 관점에서 생각해 봅시다.

_____

_____

_____

_____

_____

창의적인 생각 엿보기

겉은 딸기이면서 속은 오렌지 모양의 사진을 보고 '그 맛은 어떨까? 그리고 어떻게 만들었을까?'를 고민해 보고 두 가지 과일의 맛을 즐길 수 있는 또 다른 과일들을 생각해 볼 수 있다. 또한 하나의 과일이지만 두 가지의 맛을 낼 수 있는 과일 품종 개발도 궁리해 볼 수 있다. 과일 크기는 작지만 먹으면 배부르고 과즙이 풍부한 과일을 즐길 수 있는 품종 개발도 생각해 볼 수 있다.

3. 내 생각을 논술하기

✿ '제시된 그림'에 대한 내 생각을 다양한 관점에서 글로 써 봅시다.

_____

_____

_____

_____

_____

다음 제시문을 보고 자신의 새로운 생각을 만들어 봅시다.

쇼핑 카트가 고기 굽는 석쇠로 변신

출처: 구글

1. 상식적으로 생각하기

제시문의 사진을 보고 떠오르는 생각을 말해 봅시다.

 상식적인 생각 엿보기

- 물건을 나르는 카트이다.
- 공원에서 바비큐 파티를 하고 있는 것 같다.
- 물건을 나르는 카트에 고기를 굽고 있다.

2. 창의적으로 생각하기

🌿 제시문의 사진을 보고 다양한 관점에서 생각해 봅시다.

창의적인 생각 엿보기

– 물건을 나르는 카트가 고기를 굽는 용도로도 쓰일 수 있다.
– 같은 물건이 다양한 역할을 할 수 있다.
– 여행 또는 바비큐 파티할 때 여러 가지 물건을 이동하는 대신 다용도
  의 한 가지 물건으로 대체할 수 있다.
– 물건 제작할 때 한 가지 물건으로 다양한 용도로 활용할 수 있는 제
  품들을 구상해 개발해 볼 필요가 있다.
– 카트는 자신의 몸을 불살라 다른 이들을 돕고 있다.
– 카트로서의 기능과 석쇠로서의 기능을 발휘해 더 맛좋은 구운 고기
  를 만들 수 있다.
– 카트는 고기 굽는 기능뿐만 아니고 야외에서 다양한 다른 용도로도
  쓰일 수 있다.
– 물건을 나르는 카트가 재생산의 거듭남을 체험하고 있다.

3. 내 생각을 논술하기

🌿 제시문의 사진에 대한 내 생각을 다양한 관점에서 글로 써 봅시다.

창의성을 키우는 논술학습 (15)

🍃 다음 제시문의 사진을 보고 자신의 새로운 생각을 만들어 봅시다.

(가) 에어컨   (나) 선풍기

1. 상식적으로 생각하기

🍃 제시문의 (가)와 (나)의 사진을 보고 떠오르는 생각을 말해 봅시다.

(가)	(나)

 상식적인 생각 엿보기

– (가) 에어컨은 비싸다.   (나) 선풍기는 더 싸다.
– (가) 에어컨은 시원해지려면 오래 걸린다.
  (나) 선풍기는 바로 시원해진다.
– (가) 에어컨은 밀폐된 공간에서 써야한다.
  (나) 선풍기는 열린 공간에서 써도 된다.

2. 창의적으로 생각하기

🌿 제시문의 (가)와 (나)의 사진을 보고 다양한 관점에서 생각해 봅시다.

_____

_____

_____

_____

_____

> **창의적인 생각 엿보기**
>
> (가)의 에어컨과 (나)의 선풍기 둘 다 무더운 여름에 애용되는 대표 가전제품이다. 사실 에어컨이 이렇게 보편화된 것을 그리 오래되지는 않았다. 10년 전만 해도 공공시설에만 갖춰져 있었지만 요새는 일반 가정집에도 보편화되었다. 그렇다면 이제 에어컨과 선풍기의 장단점에 대해 알아보고 여러분의 실생활에서는 어느 것이 더 유용할지 다양한 관점에서 생각해 보자.

3. 내 생각을 논술하기

🌿 제시문의 (가) '에어컨'과 (나) '선풍기'에 대한 내 생각을 다양한 관점에서 글로 써 봅시다.

_____

_____

_____

_____

_____

창의성을 키우는 논술학습 (16)

🍃 다음 제시문을 보고 자신의 새로운 생각을 만들어 봅시다.

(가) 아파트   (나) 텐트

1. 상식적으로 생각하기

🍃 제시문의 두 사진을 보고 떠오르는 생각을 말해 봅시다.

(가)	(나)

 상식적인 생각 엿보기

- (가) 아파트는 편하다.　　　　(나) 텐트는 야외 캠핑용이다.
- (가) 아파트는 집이다.　　　　(나) 텐트는 피서 갈 때 쓴다.
- (가) 아파트는 깨끗하다.　　　(나) 텐트 주변에는 벌레가 많다.

2. 창의적으로 생각하기

제시문의 두 사진을 보고 다양한 관점에서 생각해 봅시다.

_____

_____

_____

_____

창의적인 생각 엿보기

(가)의 아파트는 우리나라의 대표적 주거지이다. 반면에 (나)의 텐트는
피서의 대표적 아이템이다. 아파트의 경우, 편리한 주거환경과 넓은 공
간을 제공하지만 텐트의 경우처럼 가족과 가깝게 지내고 오순도순 말
꽃을 피우기는 쉽지 않다. 매일을 텐트에서 살수는 없지만 일 년 중 며
칠이라도 가족과 좋은 추억을 쌓기는 괜찮아 보인다. 그렇다면 이제 여
러분이 생각하는 아파트와 텐트를 다양한 관점으로 생각해 보고 각자
의 의견을 공유해 보자.

3. 내 생각을 논술하기

제시문의 (가) '아파트'와 (나) '텐트'에 대한 내 생각을 다양한 관
점에서 글로 써 봅시다.

_____

_____

_____

_____

창의성을 키우는 논술학습 (17)

🍃 다음 사진을 보고 자신의 새로운 생각을 만들어 봅시다.

(가) 현미경   (나) 망원경

1. 상식적으로 생각하기

🍃 제시문의 (가)와 (나)의 사진을 보고 떠오르는 생각을 말해 봅시다.

(가)	(나)

 상식적인 생각 엿보기

- (가) 현미경은 작은 것을 보여준다.
  (나) 망원경은 멀리 있는 것을 보여준다.
- (가) 현미경은 실험실에서 쓴다.
  (나) 밤에 망원경으로 별을 잘 볼 수 있다.
- (가) 현미경은 과학자들이 쓴다.
  (나) 망원경으로 스포츠 경기도 볼 수 있다.

2. 창의적으로 생각하기

제시문의 (가)와 (나)의 그림을 보고 다양한 관점에서 생각해 봅시다.

_____

_____

_____

_____

 창의적인 생각 엿보기

> (가)의 현미경과 (나)의 망원경 모두 렌즈를 사용하여 빛을 굴절시켜 원하는 사물을 보게 하는 도구이다. 두 가지 모두 현대 과학 발전에 큰 이바지하였고, 현미경의 경우 의학 분야에서 큰 역할을 담당하여 간접적으로는 수백만 명의 생명을 살렸다. (나)의 망원경 역시 천체 물리학에서부터 관람용까지 폭넓게 사용된다. 그렇다면 이제 여러분이 생각하는 현미경과 망원경에 대한 관점을 생각해 보고 각자의 의견을 공유해 보도록 하자.

3. 내 생각을 논술하기

제시문의 (가) '현미경'과 (나) '망원경'에 대한 내 생각을 다양한 관점에서 글로 써 봅시다.

_____

_____

_____

_____

🌿 다음 제시문의 사진을 보고 자신의 새로운 생각을 만들어 봅시다.

(가) 책   (나) 인터넷

1. 상식적으로 생각하기

🌿 제시문의 두 사진을 보고 떠오르는 생각을 말해 봅시다.

(가)	(나)

 상식적인 생각 엿보기

- (가) 책은 도서관에 가야 많다.
  (나) 컴퓨터로 언제든 사용할 수 있다.
- (가) 책은 전기가 필요하지 않다.
  (나) 인터넷은 전원이 있어야 가능하다.
- (가) 원하는 정보를 찾기 쉽지 않다.
  (나) 정보를 실시간으로 받을 수 있다.

2. 창의적으로 생각하기

✍ 제시문의 (가)와 (나)의 그림을 보고 다양한 관점에서 생각해 봅시다.

_____

_____

_____

_____

 창의적인 생각 엿보기

> (가)의 책과 (나)의 인터넷 모두 정보를 필요로 할 때 주로 사용되는
> 매체이다. 인터넷의 보편화로 접할 수 있는 정보의 양이 무궁무진해졌
> 지만 아직도 학교 교과서 등의 책을 대신할 수 없다. 또한 인터넷은 자
> 신이 원하지 않는 정보, 예를 들어 광고, 비방글 등을 제공할 때가 있어
> 눈살이 찌푸려질 때가 있다. 각각의 매체는 서로 장단점을 갖고 있어
> 사람들의 취향에 따라 사용된다. 그렇다면 이제 여러분이 생각하는 책
> 과 인터넷에 대한 의견을 생각해 보고 각자의 의견을 나눠보도록 하자.

3. 내 생각을 논술하기

✍ 제시문의 (가) '책'과 (나) '인터넷'에 대한 내 생각을 다양한 관점
에서 글로 써 봅시다.

_____

_____

_____

_____

창의성을 키우는 논술학습 (19)

🌿 다음 제시문의 그림을 보고 자신의 새로운 생각을 만들어 봅시다.

(가) 올림픽

(나) 월드컵

1. 상식적으로 생각하기

🌿 제시문의 (가)와 (나)의 그림을 보고 떠오르는 생각을 말해 봅시다.

(가)	(나)

 상식적인 생각 엿보기

- (가) 올림픽은 종목이 많다.　　(나) 월드컵은 축구뿐이다.
- (가) 올림픽은 금, 은, 동메달이 있다.
　(나) 월드컵은 우승 트로피를 준다.
- (가) 동계, 하계 올림픽이 있다.　(나) 본선 참가국이 매번 바뀐다.

2. 창의적으로 생각하기

📝 제시문의 (가)와 (나)의 사진을 보고 다양한 관점에서 생각해 봅시다.

_____

_____

_____

_____

_____

창의적인 생각 엿보기

> (가)의 올림픽과 (나)의 월드컵 모두 4년에 한 번 펼쳐지는 세계인의 축제이다. 특히 올림픽은 동계올림픽과 하계올림픽으로 나뉘어져 있어 다양한 스포츠 종목들을 접할 수 있는 좋은 기회이다. 올림픽과 월드컵 모두 다양한 스포츠 스타들을 배출시키는 등용문이고 특히 온 국민이 하나가 되어 한마음 한뜻으로 응원하게 되는 축제이다. 대한민국도 88올림픽과 2002년 한일월드컵을 개최하고 2018년 평창올림픽도 개최하는 국가가 되었다. 올림픽과 월드컵에 대해 여러분의 다양한 의견들과 생각들을 나눠보도록 하자.

3. 내 생각을 논술하기

📝 제시문의 (가) '올림픽'과 (나) '월드컵'에 대한 내 생각을 다양한 관점에서 글로 써 봅시다.

_____

_____

_____

_____

창의성을 키우는 논술학습 (20)

🍃 다음 제시문의 사진을 보고 자신의 새로운 생각을 만들어 봅시다.

(가) 버스

(나) 기차

1. 상식적으로 생각하기

🍃 제시문의 (가)와 (나)의 사진을 보고 떠오르는 생각을 말해 봅시다.

(가)	(나)

 상식적인 생각 엿보기

– (가) 버스는 도로에서 다닌다.　(나) 기차는 기찻길 위에서 달린다.

– (가) 버스는 벨을 눌러서 내린다. (나) 기차는 매 기차역을 들린다.

– (가) 버스에는 노약자석이 있다.　(나) 기차에는 화장실이 있다.

2. 창의적으로 생각하기

🍂 제시문의 (가)와 (나)의 사진을 보고 다양한 관점에서 생각해 봅시다.

_____

_____

_____

_____

 창의적인 생각 엿보기

> (가)의 버스와 (나)의 기차는 모두 자가용을 제외하고 가장 흔히 이용되는 교통수단이다. 버스의 경우 다양한 노선으로 시민들을 목적지까지 태워준다. 또한, 소풍 등 단체 이동을 할 때에는 버스의 가치가 가장 빛이 난다. 반면에 기차는 기찻길로 다니기 때문에 더 안전하며 빠르고 편리하다. 눈꽃열차, 평화열차 등 관광용으로도 다양하게 개발되어 더 낭만적이기도 하다. 그렇다면 여러분이 생각하는 버스와 기차에 대한 다양한 의견들을 정리해 보고 나눠 보도록 하자.

3. 내 생각을 논술하기

🍂 제시문의 (가) '기차'와 (나) '버스'에 대한 내 생각을 다양한 관점에서 글로 써 봅시다.

_____

_____

_____

_____

창의성을 키우는 논술학습 (21)

🍃 다음 제시문의 사진을 보고 자신의 새로운 생각을 만들어 봅시다.

(가) 콩

(나) 된장

1. 상식적으로 생각하기

🌱 제시문의 (가)와 (나)의 사진을 보고 떠오르는 생각을 말해 봅시다.

(가)	(나)

상식적인 생각 엿보기

- (가) 콩은 두부, 두유 등의 다양한 음식의 모습으로 사용된다.
  (나) 된장은 우리나라의 대표적인 발효식품이다.
- (가) 콩은 작은 것을 비유할 때 많이 쓴다.
  (나) 된장은 우리나라 음식의 간을 맞춘다.
- (가) 콩은 편평하게 생긴 것, 신장처럼 생긴 것 등 다양한 모양이 있다.
  (나) 된장은 민간요법으로 벌에 쏘였을 때 바른다.

2. 창의적으로 생각하기

🍃 제시문의 (가) '콩'과 (나) '된장'을 보고 다양한 관점에서 생각해
봅시다.

_____

_____

_____

_____

 창의적인 생각 엿보기

> (가)는 작은 사물을 말할 때 우리는 흔히 '콩처럼 작다'라고 한다. 콩은
> 이처럼 작지만 우리에게 단백질을 비롯한 많은 영양소를 공급해 준다.
> 하지만 콩 자체로는 쓰임새가 그리 많지는 않다. 그러나 이 콩이 메주로
> 만들어지는 발효라는 과정을 거쳐 콩과는 완전히 다른 식품으로 변화
> 한다. 이것이 바로 (나)의 된장이다. 된장은 우리나라 고유의 장으로 아
> 직도 많은 사람들에게 사랑받고 있는 식품이며 우리나라 음식을 설명
> 할 때 빠지지 않고 나온다. 이처럼 콩이 된장으로 발효하게 되면서 콩
> 의 쓰임새는 더욱 더 무궁무진해졌다. 여러분도 콩이 발효되어 완전히
> 다른 식품이 되는 것처럼 쓰임새가 바뀌어 쓰일 수 있는 것을 생각해
> 보도록 하자.

3. 내 생각을 논술하기

🍃 제시문의 (가) '콩'과 (나) '된장'에 대한 내 생각을 다양한 관점에
서 글로 써 봅시다.

_____

_____

_____

_____

🍃 다음 제시문의 그림을 보고 자신의 새로운 생각을 만들어 봅시다.

(가) 흙   (나) 나무

1. 상식적으로 생각하기

🍃 제시문의 (가)와 (나)의 그림을 보고 떠오르는 생각을 말해 봅시다.

(가)	(나)

 상식적인 생각 엿보기

- (가) 흙으로 사람들이 필요로 하는 물건을 만든다.
  (나) 가구 등 살림도구를 만든다.
- (가) 나무와 농작물 재배의 기본이다.
  (나) 집을 짓는 재료로 쓰인다.
- (가) 암석의 풍화 작용으로 생긴다.
  (나) 열매를 맺어 동물들을 이롭게 한다.

2. 창의적으로 생각하기

🍃 제시문의 두 사진을 보고 다양한 관점에서 생각해 봅시다.

_____

_____

_____

_____

_____

창의적인 생각 엿보기

(가)의 흙은 우리 주변에서 흔히 볼 수 있다. 식물이나 나무가 자랄 수 있도록 양분을 제공한다. 한 마디로 나무 등 식물이 자랄 수 있는 터전이다. (나)의 나무는 흙이 없으면 자랄 수 없다. 나무는 흙에 뿌리를 내려 흙에서 여러 영양분과 수분을 흡수하여 성장하는 데 사용한다. 나무는 꽃과 열매를 맺고 인간과 동물들에게도 많은 것을 나누어 준다. 또한 나무는 뿌리를 깊게 내려 장마철에 산사태가 나는 것을 막아준다. 이처럼 흙과 나무는 서로에게 꼭 필요한 존재이다. 여러분이 생각하는 또 다른 이유가 있다면 생각하여 나눠보도록 하자.

3. 내 생각을 논술하기

🍃 제시문의 (가) '흙'과 (나) '나무'에 대한 내 생각을 다양한 관점에서 글로 써 봅시다.

_____

_____

_____

_____

_____

🌿 다음 제시문의 그림을 보고 자신의 새로운 생각을 만들어 봅시다.

(가) 손빨래 　　　　(나) 세탁기

1. 상식적으로 생각하기

🌿 제시문의 두 그림을 보고 떠오르는 생각을 말해 봅시다.

(가)	(나)

 상식적인 생각 엿보기

- (가)는 손으로 직접 해야 하니 힘이 든다.
  (나)는 전기의 힘으로 하니 힘은 들지 않으나 전기세 비용이 발생한다.
- (가)는 액체나 가루, 빨래비누 모두 사용 가능하다.
  (나)는 가루나 액체세제를 사용한다.
- (가)는 자리를 차지하지 않는다.
  (나)는 설치 공간이 필요하다.

2. 창의적으로 생각하기

제시문의 (가)와 (나)의 그림을 보고 다양한 관점에서 생각해 봅
시다.

_____

_____

_____

_____

창의적인 생각 엿보기

> (가)의 손빨래는 (나)의 세탁기가 있어도 어머니께서 가정에서 가족을
> 위하여 가끔 하신다. 작은 양의 빨래를 하거나 특정 부위의 얼룩을 뺄
> 경우 손빨래를 하시는 것이다. (나)는 요즘 없는 가정이 없을 정도로 보
> 편화되어 있는 가전이다. 오늘날은 옛날에 비해 대량의 빨래를 할 수 있
> 고 그 종류와 기능도 점점 다양해지고 있다. 그러면 이처럼 편리한 세탁
> 기로 인해 과연 먼 훗날에는 손빨래가 우리 가정에서 사라질까? 빨래
> 시간이 더욱 단축되고 위의 손빨래의 기능을 완전히 대체할 수 있는 세
> 탁기가 나올 수 있을까? 아니면 미래에도 손빨래는 계속 유지될 것인
> 가? 여러분의 생각을 써 보자.

3. 내 생각을 논술하기

제시문 (가) '손빨래'와 (나) '세탁기'에 대한 내 생각을 다양한 관
점에서 글로 써 봅시다.

_____

_____

_____

_____

창의성을 키우는 논술학습 (24)

🍃 다음 제시문의 그림을 보고 자신의 새로운 생각을 만들어 봅시다.

(가) 시장

(나) 대형마트

1. 상식적으로 생각하기

🍃 제시문의 (가)와 (나)의 그림을 보고 떠오르는 생각을 말해 봅시다.

(가)	(나)

상식적인 생각 엿보기

- (가)는 덤을 주기도 하고 값을 흥정하는 정겨운 모습을 볼 수 있다.
  (나)는 가끔 할인하기도 하지만 대부분 가격 정찰제를 엄격하게 지킨다.
- (가)는 약간은 무질서하고 주차장이 부족한 편이다.
  (나)는 주차장이 잘 되어 있고 친절하게 안내하여 준다.
- (가)는 (나)에 비해 물건가격이 대체적으로 싸다.
  (나)는 물건이 잘 정리정돈되어 있으며 보기 좋게 진열되어 있다.

2. 창의적으로 생각하기

제시문의 (가)의 (나)의 그림을 보고 다양한 관점에서 생각해 봅시다.

_____

_____

_____

_____

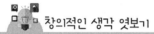 창의적인 생각 엿보기

(가)는 예전에 (나)에 비해 깨끗하지 못하고 주차할 곳이 부족한 편이었다. 그러나 요즘에는 많이 현대화되었고 깔끔하게 변모하였다. 또 편의 시설이 잘 되어 있어 많은 사람들이 시장을 찾고 있다. 정부에서도 동네 시장을 위하여 (나)의 대형마트가 한 달에 두 번씩 휴무를 하도록 했다. 그러나 정부의 노력에 따른 대형마트의 휴무일에도 시장에 가지 않는 사람들이 있다. 그 까닭은 시장이 대형마트보다 못하다는 것이다. 여러분의 생각은 어떠한지 시장과 대형마트에 대하여 더 생각해 보자.

3. 내 생각을 논술하기

제시문의 (가) '시장'과 (나) '대형마트'에 대한 내 생각을 다양한 관점에서 글로 써 봅시다.

_____

_____

_____

_____

창의성을 키우는 논술학습 (25)

🍃 다음 제시문의 그림을 보고 자신의 새로운 생각을 만들어 봅시다.

(가) 연필

(나) 지우개

1. 상식적으로 생각하기

🍃 제시문의 (가)와 (나)의 그림을 보고 떠오르는 생각을 말해 봅시다.

(가)	(나)

 상식적인 생각 엿보기

– (가)는 공부하거나 편지를 쓸 때 필요한 도구이다.
  (나)는 잘못 쓰거나 다시 쓰고 싶을 때 글자를 지울 때 쓰는 도구이다.
– (가)의 재료는 나무와 흑연이다.
  (나)는 주로 고무로 만든다.
– (가)의 생김새는 길쭉하다.
  (나)는 직육면체, 원기둥 등 다양한 모습이다.

2. 창의적으로 생각하기

제시문의 (가)와 (나)의 그림을 보고 다양한 관점에서 생각해 봅시다.

_____

_____

_____

_____

 창의적인 생각 엿보기

(가)는 우리가 공책에 필기를 하거나 감상문을 쓰거나 편지를 쓸 때 사용하는 도구이다. (나)는 연필로 잘못 쓴 글자나 내용을 수정할 때 이미 쓴 글자를 지우기 위해 사용하는 도구이다. 만약 글자를 썼는데 지울 수 없다면 많이 당황스러울 것이다. 그러나 (나)가 있기 때문에 우리는 거침없이 글을 쓰고 마음에 들지 않으면 또 지운다. 이처럼 우리가 살아가면서 생기는 모든 일을 기억한다면 우리의 뇌는 정말 감당하기 힘들 것이다. 그러나 다행스럽게도 뇌 안에도 지우개가 있어서 오래된 일이나 필요치 않은 일은 지우는 역할을 한다고 한다. 만약 우리가 글을 썼는데 지우지 못하는 것처럼 우리의 뇌에 저장되어 있는 모든 기억이 지워지지 않는다면 우리의 삶은 어떻게 될까?

3. 내 생각을 논술하기

제시문의 (가) '연필'과 (나) '지우개'를 우리의 뇌와 관련하여 다양한 관점에서 글로 써 봅시다.

_____

_____

_____

_____

창의성을 키우는 논술학습 (26)

🍃 다음 제시문을 보고 자신의 새로운 생각을 만들어 봅시다.

(가) 한복   (나) 양복

1. 상식적으로 생각하기

🍃 제시문의 (가)와 (나)의 그림을 보고 떠오르는 생각을 말해 봅시다.

(가)	(나)

상식적인 생각 엿보기

- (가)는 우리나라의 대표적인 의상으로 행사 때 가끔 입는 정도다.
  (나)는 서양에서 들어온 옷으로 보편화, 일반화되어 있다.
- (가)는 입고 벗는 것이 복잡하고 활동하기에 불편을 느낄 수 있다.
  (나)는 입고 벗기가 편하고 활동이 자유롭다.
- (가)는 선이 아름답고 색상이 화려하다.
  (나)는 해마다 매우 다양한 종류의 옷이 나온다.

2. 창의적으로 생각하기

제시문의 (가)와 (나)의 그림을 보고 다양한 관점에서 생각해 봅시다.

_____

_____

_____

_____

 창의적인 생각 엿보기

(가)는 우리나라 고유의 전통의상으로 매우 아름답다. 선이 곱고 색상도 화려하여 아직도 많은 사람들이 결혼식, 회갑연 등 중요한 행사에 착용하고 있다. 반면에 (나)는 우리가 늘 입고 지내는 옷이다. 편리하고 활동성이 많은 현대사회에 입기에 좋은 옷이다. 디자인도 여러 가지여서 취향에 맞는 것을 고를 수 있다. (가)는 우리 고유의 의상이다. 우리가 지키지 않으면 곧 사라질지도 모른다. 우리의 전통을 우리가 지키지 않으면 누가 지키겠는가? 좀 불편하다면 활동하기 편리한 한복을 만들면 될 것이다. 그러나 이미 개량한복이 많이 상품화되었지만 주변을 돌아보면 그리 많은 사랑은 받지 못하고 있는 듯하다. 어떻게 하면 우리의 전통의상인 한복을 지킬 수 있을까?

3. 내 생각을 논술하기

제시문의 (가) '한복'과 (나) '양복'에 대한 내 생각을 다양한 관점에서 글로 써 봅시다.

_____

_____

_____

_____

다음 사진을 보고 자신의 새로운 생각을 만들어 봅시다.

(가) 거북선   (나) 훈민정음

1. 상식적으로 생각하기

 제시문의 (가)와 (나)의 그림을 보고 떠오르는 생각을 말해 봅시다.

(가)	(나)

 상식적인 생각 엿보기

- (가) 임진왜란 때 사용되었다.
  (나) 어려운 한자를 대신한 문자이다.
- (가) 충무공 이순신 장군이 지휘했다.
  (나) 세종대왕과 집현전이 주도하여 만들었다.
- (가) 등에 못이 있어 적군들을 막는다.
  (나) 대한민국의 세계문화유산으로 등록되어 있다

2. 창의적으로 생각하기

🌿 제시문의 (가)와 (나)의 그림을 보고 다양한 관점에서 생각해 봅시다.

_____

_____

_____

_____

창의적인 생각 엿보기

(가)의 거북선과 (나)의 훈민정음은 공통점이 있다. 바로 나라와 백성들을 최우선으로 한 우리나라 조상들의 유산이라는 것이다. 이순신 장군이 우리나라에 쳐들어온 왜군들을 물리칠 때 거북선으로 큰 활약을 펼쳤고 덕분에 큰 위기를 모면하여 왜군과의 크고 작은 해전에서 항상 승리할 수 있었다. 한편 훈민정음은 당시 명나라의 한자가 너무 어려워 백성들이 글을 읽지 못하자 세종대왕의 지시로 만들어졌다. 이렇게 한글이 탄생하자 문맹률은 크게 떨어졌고 지금의 우리들도 고유의 문자를 갖고 자부심을 갖고 살게 되었다. 그렇다면 여러분이 생각하는 우리나라의 자랑스러운 역사를 가진 물건이 있다면 함께 나누어 보자.

3. 내 생각을 논술하기

🌿 제시문의 (가) '거북선'과 (나) '훈민정음'에 대한 내 생각을 다양한 관점에서 글로 써 봅시다.

_____

_____

_____

_____

창의성을 키우는 논술학습 (28)

2단계

🍃 다음 제시문을 보고 자신의 새로운 생각을 만들어 봅시다.

(※참고 도서: 효녀 심청)

(가) 심청이   (나) 심 봉사

1. 상식적으로 생각하기

🍃 제시문의 (가)와 (나)를 보고 떠오르는 생각을 말해 봅시다.

(가)	(나)

 상식적인 생각 엿보기

- (가)는 심청이다.
  (나)는 심청의 아버지 심 봉사이다.
- (가)는 아버지의 눈을 뜨게 하기 위하여 공양미 삼백 석에 팔려 간다.
  (나)는 앞을 보기 위하여 딸을 인당수에 바쳐야 했다.
- (가)는 자신의 생명을 버리면서까지 아버지의 눈을 뜨게 한 효녀이다.
- (가)는 인당수에 빠지지만 용왕님의 도움으로 왕비가 되어 아버지와
  만나게 된다.

2. 창의적으로 생각하기

🍃 제시문의 (가) '심청이'는 효녀인지, (나) '심 봉사'는 딸을 사랑하는지 다양한 관점에서 생각해 봅시다.

_____

_____

_____

🔲🔳 창의적인 생각 엿보기

(가)의 심청이와 (나)의 심 봉사는 '효'를 주제로 한 대표적인 우리나라 전래동화의 주인공이다. 심 봉사는 어릴 적 엄마를 잃은 심청이를 위하여 젖을 동냥하며 어려운 살림에 힘들게 외동딸을 키운다. 심청이는 평소 앞을 보지 못하는 아버지를 잘 봉양하고 아버지의 눈을 뜨게 하기 위하여 공양미 삼백 석에 팔려 인당수에 몸을 던진다. 아버지를 위하여 목숨도 마다하지 않았던 효녀 심청이는 용왕님의 도움으로 다시 아버지를 만나게 된다. 동화는 해피엔딩으로 끝난다. 그렇다면 아버지의 눈을 뜨게 하기 위하여 생명을 버린 심청이는 '효녀'가 맞는 것일까? 또 공양미 삼백 석과 딸을 바꾸겠다고 약속해버린 아버지는 어떤 사람일까? 인물에 대한 다양한 관점을 갖고 여러분이 생각하는 효녀 심청이와 아버지 심 봉사에 대한 글을 써 보자.

3. 내 생각을 논술하기

🍃 제시문의 (가) '심청이'와 (나) '심 봉사'에 대한 내 생각을 다양한 관점에서 글로 써 봅시다.

_____

_____

_____

_____

창의성을 키우는 논술학습 (29)

다음 제시문을 보고 자신의 새로운 생각을 만들어 봅시다.

(※ 참고 도서: 선녀와 나무꾼)

(가) 선녀   (나) 나무꾼

1. 상식적으로 생각하기

제시문의 (가)와 (나)를 보고 떠오르는 생각을 말해 봅시다.

(가)	(나)

상식적인 생각 엿보기

- (가)의 선녀는 아이들을 안고 하늘로 올라간다.
- (나)의 나무꾼은 목욕하는 선녀 몰래 날개옷을 훔친다.
- (가)의 선녀는 날개옷을 잃어 버려서 하늘로 올라가지 못한다.
- (나)는 나무꾼은 선녀의 날개옷을 숨겨서 선녀와 결혼하게 되었다.

2. 창의적으로 생각하기

🍃 제시문 (가) '선녀'와 (나) '나무꾼' 중 누가 더 옳은지 다양한 관점에서 생각해 봅시다.

_____

_____

_____

🔲 창의적인 생각 엿보기

(가)의 선녀와 (나)의 나무꾼은 우리나라 전래동화의 주인공이다. 마음씨가 착한 노총각 나무꾼은 사냥꾼으로부터 구해준 노루의 도움으로 선녀의 날개옷을 훔치게 된다. 하지만 선녀가 아이 셋을 낳기 전에는 혼인 과정을 설명해 주지 말라는 노루의 말을 어기고 선녀에게 전후 사정을 이야기해 주어 버려 선녀는 양쪽 날개에 아이를 품고는 하늘나라로 올라가 버린다. 그렇다면 늙은 어머니와 남편을 버리고 하늘나라로 올라가버린 선녀는 책임감 있는 사람일까? 또 결혼을 하기 위하여 선녀의 날개옷을 몰래 훔친 나무꾼은 정직한 사람일까? 만약에 솔직하게 선녀에게 사정을 이야기했다면 어땠을까? 선녀는 가족 모두와 함께 하늘나라로 갈 순 없었을까? 인물에 대한 다양한 관점을 갖고 여러분이 생각하는 선녀와 나무꾼에 대한 글을 써 보자.

3. 내 생각을 논술하기

🍃 제시문 (가) '선녀'와 (나) '나무꾼'에 대한 내 생각을 다양한 관점에서 글로 써 봅시다.

_____

_____

_____

_____

창의성을 키우는 논술학습 (30)

🍃 다음 제시문을 보고 자신의 새로운 생각을 만들어 봅시다.

(※참고 도서: 토끼의 간)

(가) 토끼 (나) 자라

1. 상식적으로 생각하기

🍃 제시문의 (가)와 (나)를 보고 떠오르는 생각을 말해 봅시다.

(가)	(나)

 상식적인 생각 엿보기

- (가)는 토끼이고 (나)는 자라이다.
- (가)와 (나)는 전래동화의 주인공이다.
- (가)는 육지에 살고 (나)는 바다에 산다.

2. 창의적으로 생각하기

🍃 제시문의 (가) '토끼'와 (나) '자라' 중 누가 더 정직한지 다양한 관점에서 생각해 봅시다.

_____

_____

_____

🖥️ 창의적인 생각 엿보기

(가)의 토끼와 (나)의 자라는 우리나라 전래동화 『토끼의 간』의 주인 공이다. 용왕님의 병을 고치기 위하여 충신인 별주부 자라는 토끼의 간을 구하러 육지로 간다. 귀가 크고 눈이 동그란 토끼를 만나 바닷속 용궁으로 데리고 온 자라, 토끼는 졸지에 목숨을 잃을 위기에 놓이지만 간을 육지에 두고 왔다는 꾀를 내어 다시 자라의 등에 업혀 육지로 올라온다. 하지만 토끼의 간이 육지에 있을 리는 없다. 뒤늦게 토끼의 꾐에 빠진 것을 깨달은 자라, 토끼는 자라의 충성심이 기특하여 자신의 똥을 약으로 준다. 그것을 먹고 난 용왕님은 신기하게도 병이 나아 자라는 큰 상을 받았다. 이 이야기에서 자신만의 목숨을 구하기 위하여 토끼의 간을 꺼내려 한 용왕님은 어떤 사람일까? 또 자신이 모시는 왕을 위하여 토끼를 죽이려 한 별주부 자라는? 또 자라를 속이고 육지로 올라온 토끼는?

3. 내 생각을 논술하기

🍃 제시문의 (가) '토끼'와 (나) '자라'에 대한 내 생각을 다양한 관점에서 글로 써 봅시다.

_____

_____

_____

창의성을 키우는 논술학습 (31)

🍃 다음 제시문을 보고 자신의 새로운 생각을 만들어 봅시다.

(※ 참고 도서: 흥부와 놀부)

(가) 흥부   (나) 놀부

1. 상식적으로 생각하기

🌿 제시문의 (가)와 (나)를 보고 떠오르는 생각을 말해 봅시다.

(가)	(나)

 상식적인 생각 엿보기

- (가)는 마음씨 착한 흥부이다. 그러나 (나)는 마음씨 고약한 놀부이다.
- (가)는 놀부의 동생이다. (나)는 흥부의 형이다.
- (가)는 가난하다. (나)는 부자이다.
- (가)는 제비 다리를 고쳐주어서 부자가 되었다. (나)는 제비 다리를 부러뜨려 벌을 받았다.

2. 창의적으로 생각하기

🌿 제시문의 (가) '흥부'와 (나) '놀부'가 오늘날에 살고 있다면 어떤
사람일지 다양한 관점에서 생각해 봅시다.

_____

_____

_____

_____

창의적인 생각 엿보기

> (가)의 흥부와 (나)의 놀부는 우리나라 전래동화의 주인공이다. 흥부
> 는 가난하지만 착해서 복을 받게 되고 놀부는 부자이지만 마음씨가 고
> 약해서 벌을 받는다는 것은 '권선징악'의 대표적인 사례이다. 무조건 착
> 하면 복을 받고 욕심을 부리면 벌을 받는다는 것은 고정적이고 획일적
> 인 관점으로 접근한 결과이다. 만약에 흥부가 가난하게 된 까닭이나 놀
> 부가 부자지만 인색할 수밖에 없는 상황을 생각해본다면 어떨까? 대상
> 에 대한 다양한 관점을 갖고 '선'과 '악'의 기준을 재창조해 보자. 여러분
> 이 생각하는 흥부나 놀부가 오늘날에 살았다면 어떤 사람일까?

3. 내 생각을 논술하기

🌿 제시문의 (가) '흥부'와 (나) '놀부'에 대한 내 생각을 다양한 관점
에서 글로 써 봅시다.

_____

_____

_____

_____

🍃 다음 제시문을 보고 자신의 새로운 생각을 만들어 봅시다.

(※ 참고 도서: 토끼와 거북)

(가) 토끼

(나) 거북이

1. 상식적으로 생각하기

🍃 제시문의 (가)와 (나)를 보고 떠오르는 생각을 말해 봅시다.

(가)	(나)

 상식적인 생각 엿보기

- (가)는 토끼이다. (나)는 거북이다.
- (가)는 달리기를 잘 한다. (나)는 느림보이다.
- (가)는 끈기가 없고 (나)는 끈기가 있다.
- (가)와 (나) 모두 전래동화의 주인공이다.

2. 창의적으로 생각하기

🍃 제시문의 (가) '토끼'와 (나) '거북이' 중 진정한 승자는 누구일지 다양한 관점에서 생각해 봅시다.

_____

_____

_____

창의적인 생각 엿보기

(가)의 토끼와 (나)의 거북이는 우리나라 전래동화의 주인공이다. 토 끼는 영리하고 달리기를 잘한다. 또 거북이는 느리지만 성실하고 끈기 가 있다. 동화 속에서 토끼와 거북이는 달리기 경주를 하게 되는데 달 리기를 잘하는 토끼는 일찍 도착하지만 자만한 마음에 그늘에서 낮잠 을 자다가 느리지만 쉬지 않고 경기에 임한 거북이에게 지고 만다. 누구 나 이길 것이라 예상했던 토끼가 성실과 끈기를 가진 거북이를 이기지 못한 것이다. 동화 속의 승자는 거북이다. 하지만 이렇게 생각해본다면 어떨까? 거북이가 자고 있는 토끼를 깨워서 정정당당하게 경기에 임했 다면? 토끼가 더위에 약하다는 것을 안 거북이가 꾀를 내어 경기 일정 을 제시했다면? 대상에 대한 다양한 관점을 갖고 여러분이 생각하는 토 끼와 거북이에 대한 글을 써 보자.

3. 내 생각을 논술하기

🍃 제시문의 (가) '토끼'와 (나) '거북이'에 대한 내 생각을 다양한 관 점에서 글로 써 봅시다.

_____

_____

_____

_____

🌿 다음 제시문을 보고 자신의 새로운 생각을 만들어 봅시다.

(※ 참고 도서: 토끼와 호랑이)

(가) 토끼   (나) 호랑이

1. 상식적으로 생각하기

🌿 제시문의 (가) '토끼'와 (나) '호랑이'란 단어에서 떠오르는 생각을 말해 봅시다.

(가)	(나)

 상식적인 생각 엿보기

- (가)는 초식동물이다. (나)는 육식동물이다.
- (가)는 호랑이보다 작고 꾀가 많다. (나)는 몸집이 크고 동물의 왕이다.
- (가)는 주로 숲에서 살았으나 요즘은 가축용이나 애완용도 있다.
- (나)는 밀림지역에 서식하고 동물원에서 주로 볼 수 있다.
- (가) 와 (나) 모두 우리나라 전래동화의 주인공으로 많이 등장하였다.

2. 창의적으로 생각하기

제시문의 (가) '토끼'와 (나) '호랑이' 중에 누가 더 힘이 셀지 생각해 봅시다.

(　　　)가 더 힘이 세다고 생각한다.
_____

왜냐하면
_____

_____

_____

 창의적인 생각 엿보기

> (가)의 토끼와 (나)의 호랑이는 우리나라 전래동화의 주인공으로 많이 등장한다. 『토끼와 호랑이』 동화 속에서 호랑이는 힘이 세지만 토끼의 꾀에 지고 만다. 일반적으로 호랑이는 먹이사슬의 최강자로 힘의 상징이기도 하고 토끼는 약자를 물리치는 강자를 꾀로 물리치는 동물로 상징된다. 여러분이 생각하는 '힘'이란 어떤 것일까? 용기, 지혜, 배려 등 다양한 방면으로 힘은 표현될 수 있다. 호랑이의 먹잇감이 되려는 순간 뜨거운 돌멩이를 구운 떡이라 속이고 위기를 벗어난 토끼, 두 번이나 토끼에게 속은 배고픈 호랑이. 모자를 벗기는 것은 바람인가? 햇빛인가? 다양한 관점을 갖고 여러분이 생각하는 토끼와 호랑이에 대한 글을 써 보자.

3. 내 생각을 논술하기

제시문 (가) '토끼'와 (나) '호랑이'에 대한 내 생각을 다양한 관점에서 글로 써 봅시다.

_____

_____

_____

_____

창의성을 키우는 논술학습 (34)

📗 다음 제시문을 보고 자신의 새로운 생각을 만들어 봅시다.

(※ 참고 도서: 사자와 은혜 갚은 쥐)

(가) 사자   (나) 쥐

1. 상식적으로 생각하기

📗 제시문 (가) '사자'와 (나) '쥐'란 단어에서 떠오르는 생각을 말해 봅시다.

(가)	(나)

 상식적인 생각 엿보기

- (가)는 육식동물이다. (나)는 잡식동물이다.
- (가)는 몸집이 크다. (나)는 몸집이 작다.
- (가)는 주로 숲에서 살고 (나)는 사람들이 사는 곳 주변에 산다.
- (가)는 용감하다. (나)는 사람들이 싫어한다.
- (가)와 (나) 모두 만화영화의 주인공이다.

2. 창의적으로 생각하기

📝 제시문 (가) '사자'와 (나) '쥐' 중에 누가 더 용기 있는 지 생각해 봅시다.

(   )가 더 용기 있다고 생각한다.

왜냐하면

창의적인 생각 엿보기

  (가)의 사자와 (나)의 쥐는 우리나라 전래동화의 주인공으로 많이 등장한다. 『사자와 은혜 갚은 쥐』 동화 속에서 사자는 쥐를 살려주고 그 보답으로 쥐는 그물에 걸린 사자를 구해준다. 어찌 보면 사자에게 쥐는 하찮은 미물이지만 자신과는 다른 방법으로 위험에서 사자를 구해주게 되는 것이다. '용기'는 굳세고 씩씩한 것을 의미한다. 그렇다면 덩치가 큰 동물이 작은 동물보다 용기가 많을까? 동물의 왕인 사자를 구해준 것은 작은 쥐이다. 다양한 관점을 갖고 여러분이 생각하는 사자와 쥐에 대한 글을 써 보자.

3. 내 생각을 논술하기

📝 제시문의 (가) '사자'와 (나) '쥐'에 대한 내 생각을 다양한 관점에서 글로 써 봅시다.

창의성을 키우는 논술학습 (35)

🍃 다음 제시문을 보고 자신의 새로운 생각을 만들어 봅시다.

(※ 참고 도서: 아낌없이 주는 나무)

(가) 나무

(나) 노인

1. 상식적으로 생각하기

🍃 제시문의 (가)와 (나)를 보고 떠오르는 생각을 말해 봅시다.

(가)	(나)

 상식적인 생각 엿보기

 – (가)는 나무이다. (나)는 할아버지, 할머니이다.
 – (가)는 대체적으로 수명이 길다. (나)는 (가)보다 수명이 짧다.
 – (가)는 우리에게 도움을 준다. (나)는 (가)의 도움을 많이 받는다.

2. 창의적으로 생각하기

🍃 제시문의 (가) '나무'와 (나) '노인'의 공통점과 차이점을 다양한
관점에서 생각해 봅시다.

_____

_____

_____

_____

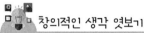
창의적인 생각 엿보기

> (가)의 나무와 (나)의 노인을 보면 『아낌없이 주는 나무』라는 동화
> 가 생각난다. 나무는 어릴 적부터 사람들에게 끊임없이 나누어 주고
> 다 죽어가면서는 밑둥까지 의자로 내어 준다. 하지만 사람은 자연을
> 필요에 따라 함부로 훼손한다. 사람은 자연 속에서 자연과 더불어 살
> 아가고 많은 것을 제공받는다. 사람의 일생을 나무의 한 살이와 비교
> 하면서 다양한 관점을 갖고 '나무'와 '노인'의 일생을 생각해 보자. 만약
> 에 나무가 이 세상에서 사라진다면? 사람이 늙으면 나무처럼 아름답
> 게 보이지 않는 이유는? 사람도 나무처럼 죽을 때까지 다른 누군가를
> 위해 살 수 있을까?

3. 내 생각을 논술하기

🍃 제시문의 (가) '나무'와 (나) '노인'에 대한 내 생각을 다양한 관점
에서 글로 써 봅시다.

_____

_____

_____

_____

다음 제시문을 보고 자신의 새로운 생각을 만들어 봅시다.

(※ 참고 도서: 개미와 베짱이)

(가) 개미   (나) 베짱이

1. 상식적으로 생각하기

제시문의 (가)와 (나)를 보고 떠오르는 생각을 말해 봅시다.

(가)	(나)

 상식적인 생각 엿보기

- (가)는 개미이다. (나)는 베짱이이다.
- (가)는 부지런함의 상징이다. (나)는 게으름의 상징이다.
- (가)와 (나)는 이야기 속에 등장한다.

2. 창의적으로 생각하기

📎 제시문의 (가) '개미'와 (나) '베짱이' 중 누가 더 부지런할지 다양한 관점에서 생각해 봅시다.

_____

_____

_____

_____

창의적인 생각 엿보기

(가)의 개미와 (나)의 베짱이는 안데르센 명작동화의 주인공이다. 일반적으로 여름내 부지런히 일하고 겨울에 풍요로운 개미는 부지런히 저축하는 동물의 교훈이고, 여름내 노래만하다가 겨울에 개미에게 구걸하러 온 베짱이는 게으른 동물로 생각한다. 그러나 만약 겨울이 없는 나라, 예를 들면 아프리카 같이 여름밖에 없는 나라에서 개미는 어떤 동물일까? 사재기만 하는 욕심쟁이는 아닐까? 또 베짱이는 자기 재능을 살려 노래하는 일에 부지런해서 자기계발에 최선을 다해 노력하는 동물이 되지는 않을까?

3. 내 생각을 논술하기

📎 제시문의 (가) '개미'와 (나) '베짱이'에 대한 내 생각을 다양한 관점에서 글로 써 봅시다.

_____

_____

_____

_____

_____

🍃 다음 제시문을 보고 자신의 새로운 생각을 만들어 봅시다.

(※ 참고 도서: 장발장=레미제라블)

(가) 장발장   (나) 자벨 경위

1. 상식적으로 생각하기

🍃 제시문의 '장발장'과 '자벨 경위'란 단어에서 떠오르는 생각을 말해 봅시다.

(가)	(나)

상식적인 생각 엿보기

- (가)와 (나)는 빅토르 위고가 쓴 소설 속의 인물들이다.
- (가)는 배고픈 조카를 위해 빵을 훔쳤다.
- (나)는 장발장을 쫓는 형사이다.
- (가)는 불쌍한 사람들을 도왔고 시장이 되었다.

2. 창의적으로 생각하기

🍃 제시문의 (가) '장발장'과 (나) '자벨 경위' 중 누가 더 훌륭한지 다
양한 관점에서 생각해 봅시다.

_____

_____

_____

_____

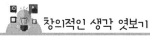 **창의적인 생각 엿보기**

> (가)의 장발장과 (나)의 자벨경위는 빅토르 위고의 소설 『레미제라
> 블』의 주인공이다. 어린 조카를 위해 빵을 훔친 죄로 감옥에 간 뒤
> 여러 번 탈옥을 시도하여 19년형을 선고받고 13년 후 가석방된다. 이
> 후 장발장은 성당의 은촛대를 충동적으로 훔치지만 신부님의 은총으
> 로 살아나고, 마드렌느라는 이름으로 개명하고 공장주인과 시장이 되
> 어 불쌍한 여인의 어린 딸을 키우며 살아간다. 하지만 가석방의 선서
> 를 어기고 달아난 장발장을 계속 쫓는 자벨 경위로부터 자유롭지 못
> 하다. 비록 죄인이지만 어려운 사람을 도와줄 줄 아는 장발장과 자신
> 의 일에 책임을 다하는 자벨 경위를 다양한 관점에서 생각해 보자.

3. 내 생각을 논술하기

🍃 제시문의 (가) '장발장'과 (나) '자벨 경위'에 대한 내 생각을 다양
한 관점에서 글로 써 봅시다.

_____

_____

_____

_____

다음 제시문을 보고 자신의 새로운 생각을 만들어 봅시다.

(가) 사람의 '말'

(나) 자연의 '바람'

1. 상식적으로 생각하기

(가) '사람의 말'과 (나) '자연의 바람'이란 단어에서 떠오르는 생각을 말해 봅시다.

(가)	(나)

 상식적인 생각 엿보기

- (가)는 사람들이 하는 말이다.
- (나)는 바람이다.
- (가)는 의사소통의 수단이다.
- (나)는 자연의 일부이다.
- (가)는 여러 상황에 따라 다르게 표현된다. 귓속말, 고함, 속삭임, 연극, 노래 등
- (나)는 여름엔 고맙고 겨울엔 매섭다.

2. 창의적으로 생각하기

🍃 제시문의 (가) '사람의 말'과 (나) '자연의 바람'의 공통점과 차이
점을 생각해 보고 어느 것이 더 위력이 셀지 생각해 봅시다.

_____

_____

_____

_____

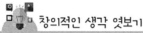
창의적인 생각 엿보기

(가)의 사람이 하는 말과 (나)의 바람은 물리적인 모양이 없는 무형의
단어이다. 말은 사람에게 꼭 필요한 의사소통의 수단이 되고 말에 따
라 많은 것이 바뀌기도 한다. 어떤 상황이나 상대에 따라 말의 소리나
강약, 표현 등이 달라질 수 있다. 흔히 '입이 무거운 사람', '입이 가벼운
사람'을 구분하는 것은 말의 힘이 사람의 성격이나 관계 형성에까지 영
향을 미친다는 이야기가 된다. 일반적으로 '바람'은 자연 현상의 하나
로써 계절에 따라 사람들에게 다양한 영향을 미친다. 여름의 고마운
바람이 있는가 하면 무서운 태풍의 바람도 있다. 다양한 관점을 갖고
여러분이 생각하는 말과 바람에 대한 글을 써 보자.

3. 내 생각을 논술하기

🍃 제시문의 (가) '사람의 말'과 (나) '자연의 바람'에 대한 내 생각을
다양한 관점에서 글로 써 봅시다.

_____

_____

_____

_____

창의성을 키우는 논술학습 (39)

🍃 다음 제시문을 보고 자신의 새로운 생각을 만들어 봅시다.

(가) 장갑   (나) 신발

1. 상식적으로 생각하기

🍃 제시문의 (가) '장갑'과 (나) '신발'이란 단어에서 떠오르는 생각을 말해 봅시다.

(가)	(나)

상식적인 생각 엿보기

– (가)는 손이 차가울 때나 일을 할 때 쓰는 물건이다.
– (나)는 발을 보호하기 위하여 신는다.
– (가)는 주로 겨울에 사용한다. (나)는 항상 사용한다.
– (가)는 보호용, 장식용 등으로 쓰인다.
– (나)는 보호용으로 주로 쓰인다.
– (나)는 누구나 이용한다. 냄새가 난다.

2. 창의적으로 생각하기

🌿 제시문의 (가) '장갑'과 (나) '신발' 중 어느 것이 자신에게 더 소중
할지 생각해 봅시다.

_____

_____

_____

_____

창의적인 생각 엿보기

(가)의 장갑과 (나)의 신발은 우리 생활에 밀접한 관련을 갖고 있는
물건으로 대부분의 사람들이 사용한다. 생활 속의 다양한 물건들도
관점을 달리하면 더 많은 용도로 사용할 수 있게 된다. 흔히 장갑과
신발을 손과 발의 기능을 대표하는 물건으로 신발은 장갑에 비해 다
소 천대하는 경향을 보일 수도 있다. 손은 깨끗하고 발은 더럽다는
것은 사물을 한 가지 관점에서만 본 결과이다. '발레리나 강수진'을 예
로 들어보면 발은 우리 몸에서 매우 소중한 부분이 될 수도 있다. 대
상에 대한 다양한 관점을 갖고 대상의 가치를 다시 한 번 생각해 보
면 어떨까?

3. 내 생각을 논술하기

🌿 제시문의 (가) '장갑'과 (나) '신발'에 대한 내 생각을 다양한 관점
에서 글로 써 봅시다.

_____

_____

_____

_____

창의성을 키우는 논술학습 (40)

🌿 다음 제시문을 보고 자신의 새로운 생각을 만들어 봅시다.

(가) 시계   (나) 자동차

1. 상식적으로 생각하기

🌿 제시문의 (가) '시계'와 (나) '자동차'란 단어에서 떠오르는 생각을 말해 봅시다.

(가)	(나)

 상식적인 생각 엿보기

- (가)는 시계이다. (나)는 자동차이다.
- (가)는 시간을 알려준다.
- (나)는 이동수단이다.
- (가)는 여러 종류가 있다. 요즘에는 스마트폰을 이용하기도 한다.
- (나)는 바퀴가 있고 사람들의 생활을 편리하게 해 준다.

2. 창의적으로 생각하기

✍ 제시문의 (가) '시계'와 (나) '자동차' 중에 어느 것이 더 빠르게 움직이는지 생각해 봅시다.

_____

_____

_____

_____

창의적인 생각 엿보기

(가)의 시계와 (나)의 자동차는 우리 생활에 필요하면서 흔히 볼 수 있는 물건이다. 시계는 시간을 알 수 있게 해 주고 자동차는 우리 생활에서 꼭 필요한 많은 사람들이 이용하는 물건이다. 일반적으로 '시간'이 빠르다는 개념을 시계에 대입시켜서 '시계'가 빠르다는 관점과 빨리 달릴 수 있다는 점을 부각시켜 '자동차'가 빠르다고 생각할 수도 있다. 다양한 관점을 갖고 여러분이 생각하는 시계와 자동차에 대한 글을 써 보자.

3. 내 생각을 논술하기

✍ 제시문의 (가) '시계'와 (나) '자동차'에 대한 내 생각을 다양한 관점에서 글로 써 봅시다.

_____

_____

_____

_____

_____

창의성을 키우는 논술학습 (41)

🌿 다음 그림을 보고 자신의 새로운 생각을 만들어 봅시다.

(가) 전화기   (나) 스마트폰

1. 상식적으로 생각하기

🌿 제시문의 두 그림을 보고 떠오르는 생각을 말해 봅시다.

(가)	(나)

 상식적인 생각 엿보기

– (가)는 전화기이다.	– (나)는 스마트폰이다.
– (가)는 집에서만 쓸 수 있다.	– (나)는 이동이 가능하다.
– (가)는 가격이 싸다.	– (나)는 비싸다.
– (가)는 불편하다.	– (나)는 편리하다.

2. 창의적으로 생각하기

🍃 제시문의 (가) '전화기'와 (나) '스마트폰'을 다양한 관점에서 생각
해 봅시다.

_____

_____

_____

_____

창의적인 생각 엿보기

(가)의 전화기와 (나)의 스마트폰은 우리나라 통신 수단의 대표이다.
전화기는 불편하다 스마트폰은 편리하다. 새것은 무조건 편리하고 옛
날 것은 무조건 불편하다는 것은 고정적이고 획일적인 관점으로 접근
한 결과이다. 전화기가 가진 장단점과 스마트폰이 가진 장점과 단점을
생각해 본다면 어떨까? 대상에 대한 다양한 관점을 갖고 '장점'과 '단점'
의 기준을 재창조해 보자. 여러분이 생각하는 전화기와 스마트폰의 장
단점은 어떤 것일까?

3. 내 생각을 논술하기

🍃 제시문의 (가) '전화기'와 (나) '스마트폰'에 대한 내 생각을 다양한
관점에서 글로 써 봅시다.

_____

_____

_____

_____

_____

🍃 다음 그림을 보고 자신의 새로운 생각을 만들어 봅시다.

    (가) 현금   (나) 신용카드

1. 상식적으로 생각하기

🍃 제시문의 (가) '현금'과 (나) '신용카드'를 보고 떠오르는 생각을 말해 봅시다.

(가)	(나)

 상식적인 생각 엿보기

- (가)는 현금이다. (나)는 신용카드이다.
- (가)는 진짜 돈이다. (나)는 돈을 대신하는 것이다.
- (가)는 종이이고 (나)는 플라스틱이다.
- (가)는 일반거래고 (나)는 신용거래이다.
- (가)와 (나) 모두 물건을 살 수 있다.

2. 창의적으로 생각하기

📝 제시문의 (가) '현금'과 (나) '신용카드'를 다양한 관점에서 생각해
봅시다.

_____

_____

_____

_____

 창의적인 생각 엿보기

> (가)의 현금과 (나)의 신용카드는 모두 물건을 살 수 있다. 현금은 순
> 수한 돈이고 신용카드는 돈을 대신한다. 또 현금은 편리하지만 보관하
> 기가 힘들다. 현금은 역사가 깊지만 신용카드는 역사가 짧다. 신용카
> 드는 현금을 대신하는 또 하나의 지불 수단이며, 보관 및 사용이 편리
> 하다. 대상에 대한 다양한 관점과 문제의식을 가져 보자. 그리고 편리
> 함과 불편함 등 여러 관점을 갖고 여러분이 생각하는 현금과 신용카드
> 에 대한 글을 써 보자.

3. 내 생각을 논술하기

📝 제시문의 (가) '현금'과 (나) '신용카드'에 대한 내 생각을 다양한
관점에서 글로 써 봅시다.

_____

_____

_____

_____

_____

다음 사진을 보고 자신의 새로운 생각을 만들어 봅시다.

(가) 비행기   (나) 크루즈 배

 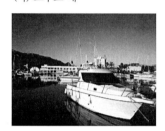

1. 상식적으로 생각하기

제시문의 두 사진을 보고 떠오르는 생각을 말해 봅시다.

(가)	(나)

 상식적인 생각 엿보기

- (가)는 하늘을 나는 비행기다. (나)는 바다 위를 달리는 크루즈 배다
- (가)는 나라와 나라를 이어 주고 먼 길을 가는 데 편리하고 안전하다.
  (나)는 물 위를 달리고 무거운 화물을 실을 수 있다.
- (가)는 빠르다. (나)는 느리지만 아름다운 바다 경치를 볼 수 있다.
- (가)는 비용이 비싸다. (나)는 가에 비해 비용이 싸다.

2. 창의적으로 생각하기

📎 제시문 (가) '비행기'와 (나) '배(크루즈)'를 보고 다양한 관점에서
생각해 봅시다.

_____

_____

_____

_____

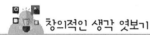

창의적인 생각 엿보기

(가)의 비행기와 (나)의 배는 모두 각기 편리함을 가지고 있다. 비행기
는 많은 사람들이 여행을 갈 때 편리하게 사용한다. 배도 많은 사람들
이 여행을 갈 때 사용한다. 그렇지만 배가 비행기보다 더 위험하다.
(나) 크루즈 배를 우리나라에서 어떻게 활용할 수 있을지, 활용했을 때
비행기와의 차이점은 무엇인지에 대해 생각해본다면 어떨까? 여러분이
여행을 간다면 비행기와 배의 차이를 비교해 여러분의 여행에 어떻게
창의적으로 활용할 수 있을까?

3. 내 생각을 논술하기

📎 제시문 (가) '비행기'와 (나) '배(크루즈)'의 여행에 대한 내 생각을
다양한 관점에서 글로 써 봅시다.

_____

_____

_____

_____

_____

🍃 다음 사진을 보고 자신의 새로운 생각을 만들어 봅시다.

주인공과 엑스트라

1. 상식적으로 생각하기

🍃 제시문의 사진을 보고 떠오르는 생각을 말해 봅시다.

 상식적인 생각 엿보기

– 누구나 주인공이 되기를 원한다. 엑스트라는 주인공은 아니지만 매우 중요하다.
– 주인공은 인기가 있다. 엑스트라는 주인공보다는 인기가 없다.
– 엑스트라 자체로 의미가 있다.
– 주인공이 빛나려면 엑스트라가 있어야 한다.

2. 창의적으로 생각하기

✏️ 제시문의 '주인공'과 엑스트라'를 보고 다양한 관점에서 생각해
봅시다.

_____

_____

_____

_____

🔲 창의적인 생각 엿보기

영화든, 우리네 인생이든 주인공이나 엑스트라는 모두 중요한 역할
이다. 주인공은 주목을 받는 만큼 책임이 크다. 엑스트라는 주인공보
다 스포트라이트를 덜 받기 때문에 부담이 작을 수 있다. 모든 사람은
주인공이 되기를 원한다. 그래서 왕자병, 공주병이 생기기도 한다. 그
렇지만 엑스트라로서의 삶이 더 행복할 수도 있다. 항상 일등을 해야
하는 주인공에 대해 여러분의 생각은 어떤가? 주인공과 엑스트라에 대
해 창의적으로 생각해 보자.

3. 내 생각을 논술하기

✏️ 제시문의 '주인공'과 '엑스트라'에 대한 내 생각을 다양한 관점에
서 글로 써 봅시다.

_____

_____

_____

_____

_____

🍃 다음 사진을 보고 자신의 새로운 생각을 만들어 봅시다.

(가) 한식   (나) 패스트푸드

1. 상식적으로 생각하기

🍃 제시문의 두 사진을 보고 떠오르는 생각을 말해 봅시다.

(가)	(나)

 상식적인 생각 엿보기

- (가) 한국 음식의 대표이다.   (나) 패스트푸드의 대표음식이다.
- (가) 엄마 손맛이 생각난다.   (나) 고칼로리 음식이다.
- (가) 건강식이고 신선하다 .
  (나) 냉동식품이고 건강에 해로울 수 있다.
- (가)는 시간과 정성이 필요하다.   (나)는 손쉽고 편리하다

2. 창의적으로 생각하기

🍃 제시문의 (가) '한식'과 (나) '패스트푸드'를 보고 다양한 관점에서 생각해 봅시다.

_____

_____

_____

_____

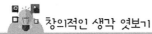 창의적인 생각 엿보기

> (가)의 한식과 (나)의 패스트푸드는 모두 우리의 식사를 해결해주는 음식이다. 한식은 우리나라를 대표하는 음식이지만 패스트푸드는 서양 인스턴트식품의 대표이다. (가)의 한식은 우리나라 대표 음식이며 건강식품이지만 요즘 같이 바쁜 세상에 (나)의 패스트푸드 없는 세상은 상상할 수가 없다. 한식과 패스트푸드의 장단점은 무엇인지에 대해 생각해본다면 어떨까? 여러분이 식사에 있어 한식과 패스트푸드의 차이를 비교해 여러분의 식생활에 어떻게 창의적으로 활용할 수 있을까?

3. 내 생각을 논술하기

🍃 제시문의 (가) '한식'과 (나) '패스트푸드'에 대한 내 생각을 다양한 관점에서 글로 써 봅시다.

_____

_____

_____

_____

_____

창의성을 키우는 논술학습 (46)

🍃 다음 사진을 보고 자신의 새로운 생각을 만들어 봅시다.

(가) 한옥   (나) 아파트

1. 상식적으로 생각하기

🍃 제시문의 두 사진을 보고 떠오르는 생각을 말해 봅시다.

(가)	(나)

 상식적인 생각 엿보기

– (가) 한국의 대표적인 집이다.   (나) 서양식 공동 주택이다.

– (가) 온돌 문화와 마루   (나) 침대 문화와 소파

– (가) 불편하다.   (나) 편리하다.

– (가) 마당이 있다.   (나) 마당이 없다.

2. 창의적으로 생각하기

🍃 제시문의 (가) '한옥'과 (나) '아파트'를 보고 다양한 관점에서 생 각해 봅시다.

_____

_____

_____

_____

창의적인 생각 엿보기

(가)의 한옥과 (나)의 아파트는 모두 우리의 삶의 안식처를 제공해 주 는 집이다. 한옥은 우리나라를 대표하는 집이지만 아파트는 서양 공동 주택의 대표이다. (가)의 한옥은 마당이 있고 고향처럼 편안함을 주지 만 (나)의 아파트는 편리하면서도 경쟁적인 불편함을 주기도 한다. 그렇 지만 오늘날 아파트 없는 세상은 상상할 수가 없다. 한옥과 아파트의 장단점은 무엇인지에 대해 생각해 보자. 한옥과 아파트의 차이를 비교 해 여러분의 생활에 어떻게 창의적으로 활용할 수 있을까?

3. 내 생각을 논술하기

🍃 제시문의 (가) '한옥'과 (나) '아파트'에 대한 내 생각을 다양한 관 점에서 글로 써 봅시다.

_____

_____

_____

_____

_____

📗 아래는 알퐁스 도데의 『스갱 아저씨의 염소』에 나오는 두 주인 공의 이야기입니다. 제시문을 읽고 새로운 생각을 나누어 봅시다.

(가) 스갱 아저씨의 입장

늑대가 자주 나타나 많은 염소를 잃은 염소농장 주인 스갱 아저씨는 염소들의 안전을 위해 더욱 더 울타리를 높게 쳤다. 염소들을 농장 밖으로 나가서 자유롭게 풀을 뜯지 못하도록 염소들의 안전을 위해 최선을 다했다.

(나) 염소 블랑게트의 입장

한가로이 자유롭게 풀을 뜯던 블랑게트의 친구들이 늑대의 습격에 목숨을 잃었다. 그럼에도 불구하고 자유를 빼앗긴 블랑게트는 답답한 우리에서만 지내야 하는 억압을 못 견뎌 했다. 그래서 몇 번의 시도 끝에 자유를 찾아 스갱 아저씨의 농장을 탈출하여 자유를 다시 찾는데 성공하였다. 따뜻한 햇살, 자유로운 공기를 흠뻑 마실 수 있는 블랑게트는 자신의 선택에 만족했다. 그러나 아무도 돌봐 주지 않는 산 속에서 자유를 찾은 대신 늑대를 만나 비참하게 목숨을 잃게 되었다.

---

1. 상식적으로 생각하기

📗 제시문을 읽고 떠오르는 생각을 말해 봅시다.

(가)	(나)

- (가) 안전이 중요하다.
  (나) 억압된 안전보다는 자유가 중요하다.
- (가) 자유에는 책임이 따른다.
  (나) 위험하지만 답답한 울타리를 벗어나고 싶다.
- (가) 답답하다.　　　　　　　(나) 자유롭다.
- (가) 편안한 울타리　　　　　(나) 위험한 넓은 풀밭

2. 창의적으로 생각하기

제시문의 (가) '스갱 아저씨'와 (나) '염소'를 읽고 다양한 관점에서 생각해 봅시다.

_____

_____

 창의적인 생각 엿보기

　(가)의 스갱 아저씨와 (나)의 염소 블랑게트의 논쟁점이 무엇인지에 대해 생각해 보자. 여러분이 (가)의 스갱 아저씨라면 어떻게 할지 (나)의 염소 블랑게트라면 어떻게 할지 여러분의 생각을 창의적으로 논술해 봅시다.

3. 내 생각을 논술하기

제시문의 (가) '스갱 아저씨'와 (나) '염소 블랑게트'에 대한 내 생각을 다양한 관점에서 글로 써 봅시다.

_____

_____

_____

🌿 아래에 나오는 『우리들의 일그러진 영웅』을 읽고 학교폭력과 연계하여 내 생각을 말해 봅시다.

(가) 장면1
자신만만한 합리주의자인 한병태와 학교 내 권력을 휘두르는 독재자 엄석대의 만남

(나) 장면 2
싸움, 성적 등에서도 남보다 월등하여 학급을 완전히 장악하고 있는 엄석대. 점심시간에 먹을 것을 갖다 바치는 학급 아이들.

(다) 장면 5
우등생과 시험지를 바꾸는 엄석대. 시골 초등학교에서 한병태 군은 모범을 보여야 할 반장 엄석대가 부정행위를 하는 것을 목격했다. 지난 총괄 평가를 치른 날 한 모 군은 우등생 박 모 군이 자기 이름을 지우고 엄석대의 이름으로 고치는 것을 보았다고 한다. 박 모 군에 의하면 엄석대 군은 매 시험마다 다른 우등생과 시험지의 이름을 바꿔 써 냈다고 한다. 심각한 학교폭력의 또 다른 형태이다.

(라) 장면 3
엄석대의 부정한 행위에 정면으로 맞서는 한병태. 그 결과 불량한 아이, 외톨이가 되어 버린 한병태

(마) 장면 4
엄석대에게 복종하고 마는 한병태. 학교 폭력에 타협을 한 한병태.

(바) 장면 5
어른이 되어 수갑에 채워진 엄석대

---

1. 상식적으로 생각하기

🌿 제시문의 글을 읽고 떠오르는 생각을 말해 봅시다.

(가) 엄석대	(나) 한병태

- (가) 엄석대는 학교폭력의 중심이다.
  (나) 한병태는 불의에 맞서는 용기 있는 아이다.
- (가) 반 아이들은 학교폭력 피해자다.
  (나) 진정한 용기는 어렵다.
- (가) 비굴하다, 어리석다.　　　(나) 자유롭다. 자존심이 세다.
- (가) 편안하다.　　　　　　　(나) 위험하고 힘들다.

2. 창의적으로 생각하기

🍃 제시문의 『우리들의 일그러진 영웅』을 읽고 다양한 관점에서 생각해 봅시다.

_____

_____

 창의적인 생각 엿보기

　(가)의 엄석대와 (나)의 한병태에 대한 논쟁점이 무엇인지에 대해 생각해 보자. 여러분이 (가)의 반 아이들이라면 어떻게 할지 (나)의 한병태라면 어떻게 할지 여러분의 생각을 창의적으로 논술해 봅시다.

3. 내 생각을 논술하기

🍃 제시문의 『우리들의 일그러진 영웅』을 읽고 '엄석대'에 대한 반 아이들과 '한병태'의 입장에 대한 내 생각을 다양한 관점에서 글로 써 봅시다.

_____

_____

창의성을 키우는 논술학습 (49)

🌱 세월호 사건을 계기로 '수학여행 찬반'에 대한 논쟁이 팽팽합니다. 다음 글을 읽고 생각을 나누어 봅시다.

(가)수학여행 찬성
세월호 사건 때문에 학교의 집단 활동에는 많은 제약이 생겼다. 학생들의 체험학습이 전면 취소되었다. 일부 학교에서는 학교장 재량으로 현장학습을 허락해도 담임들은 책임 소재에 대한 걱정으로 현장학습을 포기하는 실정이다. 그렇지만 수학여행은 가야 한다는 주장이다.

(나) 수학여행 반대
세월호 사건 때문에 안전에 대한 염려로 모든 학교의 수학여행이 전면 취소되었다. 안산 ○○고 학생들이 수학여행을 가다가 대형 참사를 만났기에 수학여행의 취소는 재고의 여지가 없이 당연하다는 주장이다.

---

1. 상식적으로 생각하기

🌱 제시문의 글을 읽고 떠오르는 생각을 말해 봅시다.

(가) 수학여행 찬성	(나) 수학여행 반대

상식적인 생각 엿보기

– (가) 계획된 여행을 진행하자.　　(나) 안전이 중요하다.
– (가) 안전 대책이 중요하지 수학여행 자체를 없애는 건 불합리하다.
– (나) 단체 여행은 위험하다.
– (가) 학창 시절의 수학여행은 필요하다.
　(나) 위험한 것은 안 하는 게 좋다.
– (가) 수학여행도 교육의 일부이다.
　(나) 학교 안에서만 교육을 해야 한다.

2. 창의적으로 생각하기

🍃 제시문의 수학여행의 (가) '찬성 입장'과 (나) '반대 입장'에 대해 다양한 관점에서 생각해 봅시다.

창의적인 생각 엿보기

　(가)의 수학여행 찬성 입장과 (나)의 수학여행 반대 입장의 논쟁점이 무엇인지에 대해 생각해 보자. 여러분이 (가)의 찬성 입장이라면 어떻게 할지 (나)의 반대 입장이라면 어떻게 할지 여러분의 생각을 창의적으로 논술해 봅시다.

3. 내 생각을 논술하기

🍃 제시문의 수학여행의 (가) '찬성 입장'과 (나) '반대 입장'에 대한 내 생각을 다양한 관점에서 글로 써 봅시다.

🌿 '초등학생들의 학원 공부는 바람직한 것인가?'에 대해 찬반 논쟁이 팽팽합니다. 다음 글을 읽고 생각을 나누어 봅시다.

(가) 학원 공부 찬성

요즘은 모든 아이들이 학원을 다니는데 나만 안가면 불안하다. 학원을 다녀야 성적이 향상된다는 생각을 한다.

(나) 학원 공부 반대

초등학생은 충분한 놀이와 함께 학교 공부만 열심히 하면 된다. 자기 주도적인 학습이 중요하다. 학원은 돈도 많이 든다. 국가에서 공짜로 교육을 시켜주는데 왜 학원을 가야 하는가?

---

1. 상식적으로 생각하기

🌿 제시문의 글을 읽고 떠오르는 생각을 말해 봅시다.

(가) 학원 찬성	(나) 학원 반대

상식적인 생각 엿보기

- (가) 학원은 성적향상을 위해 필요하다.
  (나) 공부는 스스로 하는 것이다.
- (가) 혼자 하는 것보다는 효과적이다.
  (나) 자기 주도적인 학습이 중요하다.
- (가) 친구들이 학원가니까 나도 가야한다.
  (나) 학원비가 비싸다.

---

2. 창의적으로 생각하기

🍃 제시문의 학원 공부의 (가) '찬성'과 (나) '반대'의 입장에 대해 다
양한 관점에서 생각해 봅시다.

_____

_____

_____

_____

_____

창의적인 생각 엿보기

(가)의 학원 찬성과 (나)의 학원 반대의 논쟁점이 무엇인지에 대해 생
각해 보자. (가)의 학원찬성 (나)의 학원 반대의 입장에 대한 여러분의
생각을 창의적으로 논술해 봅시다.

3. 내 생각을 논술하기

🍃 제시문의 초등학생의 학원 공부에 대한 내 생각을 다양한 관점
에서 글로 써 봅시다.

_____

_____

_____

_____

_____

창의성을 키우는 논술학습 (51)

🌿 초등학생들의 '이성교제는 바람직한 것인가?'에 대해 찬반 논쟁이 팽팽합니다. 다음 글을 읽고 생각을 나누어 보자.

> 요즘의 학교에서는 초등학생의 이성교제가 빈번한 화제가 되고 있다. 저학년 때는 서로에 대한 작은 관심, 좋아하는 감정 등 단순한 의미였다. 그렇지만 사춘기가 빠른 요즘의 5, 6학년에게는 사랑의 감정이다. 각 학급 혹은 동 학년 내에서 커플들도 꽤 많은 실정이다. 이러한 초등학생의 이성교제에 대한 찬성(가), 반대(나)의 입장에서 생각을 나누어 보자.

1. 상식적으로 생각하기

🌿 제시문의 글을 읽고 떠오르는 생각을 말해 봅시다.

(가)	(나)

상식적인 생각 엿보기

> – (가) 남녀 간의 우정이다.
>   (나) 판단력이 부족한 어린 아이에게는 위험하다.
> – (가) 자연스러운 현상이다.
>   (나) 부모나 선생님의 관심과 지도가 필요하다.
> – (가) 서로의 공부에 도움이 된다.
>   (나) 성적이 떨어진다.

2. 창의적으로 생각하기

🍃 제시문과 관련하여 '초등학생의 이성교제'에 대해 다양한 관점에
서 생각해 봅시다.

_____

_____

_____

_____

_____

 창의적인 생각 엿보기

(가) 초등학생의 이성교제 찬성 (나) 이성교제 반대의 논쟁점이 무엇인
지에 대해 생각해 보자. 여러분이 (가)의 찬성 입장이라면 어떻게 할지
(나)의 반대 입장이라면 어떻게 할지 여러분의 생각을 창의적으로 논술
해 봅시다.

3. 내 생각을 논술하기

🍃 제시문의 '초등학생의 이성교제'에 대한 내 생각을 다양한 관점
에서 글로 써 봅시다.

_____

_____

_____

_____

_____

창의성을 키우는 논술학습 (52)

📎 다음 제시문의 사진을 보고 자신의 새로운 생각을 만들어 봅시다.

(가) 장난　　　　　　　　　　(나) 학교폭력

1. 상식적으로 생각하기

📎 제시문의 두 사진을 보고 떠오르는 생각을 말해 봅시다.

(가)	(나)

 상식적인 생각 엿보기

- (가) 친구들 간의 친근함의 상징이다.
  (나) 친구가 괴롭다면 결코 장난이 아니다.
- (가)는 학교가 생각이 난다.　　(나) 일진이 생각난다.
- (가)는 필요하다.　　　　　　　(나)는 없어져야 한다.

2. 창의적으로 생각하기

제시문의 (가) '장난'과 (나) '학교폭력' 그림을 보고 다양한 관점에서 생각해 봅시다.

_____

_____

_____

_____

_____

창의적인 생각 엿보기

(가)의 장난과 (나)의 학교폭력은 모두 학생들 사이에서 흔히 있는 일이다. 장난은 또래 집단 내에서 친근함의 상징이다. 학교생활에서 장난이 없다면 재미가 없을 것이다. (나)의 학교폭력은 장난과는 또 다른 것이다. 가해자는 장난이지만 피해자는 괴로움이다. 재미로 하는 장난이 상대방은 죽음보다 싫을 수도 있다.

3. 내 생각을 논술하기

제시문의 (가) '장난'과 (나) '학교폭력'에 대한 내 생각을 다양한 관점에서 글로 써 봅시다.

_____

_____

_____

_____

_____

🌿 다음 사진을 보고 자신의 새로운 생각을 만들어 봅시다.

벌집: 말벌의 종족번식

학교 쉼터 그늘을 위해 넝쿨나무가 자라고 있다. 어느 큰 넝쿨 나뭇잎 뒷면에 말벌이 벌집을 지어 알을 까놓았다. 새끼 벌들이 막 깨어나고 있다. 어미 말벌은 하루 종일 지키고 있다. 곤충의 모정 또한 대단한 것 같다. 이 벌집을 그대로 둘 것인가? 없애야 할 것인가? 대부분의 아이들은 없애야 된다고 한다. 왜냐하면 말벌이 많이 생겨나면 아이들이 벌에 쏘일 위험이 있기 때문이다. 그런데 한 아이가 이것을 반대했다. 그 이유에 대해 다양한 관점으로 생각해 봅시다.

1. 상식적으로 생각하기

🌿 제시문의 글과 그림을 보고 떠오르는 생각을 말해 봅시다.

 상식적인 생각 엿보기

– 벌집을 지키는 말벌은 너무 신기하다. 말벌을 그냥 두어야 하는가?
– 위험하니까 말벌을 죽여야 한다. 벌집 안에 말벌 새끼들이 가득하다.
– 생명은 신기하다. 벌집의 새끼들이 자라서 공격할 수 있다.

2. 창의적으로 생각하기

🍃 제시문의 글과 사진을 보고 다양한 관점에서 생각해 봅시다.

_____

_____

_____

_____

_____

창의적인 생각 엿보기

- 말벌 집은 너무 신기하다. 꾀돌이 말벌이다.
- 커다란 잎사귀 뒷면에 둥지를 틀었다.
- 새끼를 지키고 싶은 보호 본능이 놀랍다.
- 새끼를 지키려 나뭇잎 뒤에 몰래 둥지를 틀고 새끼들을 지키는 말벌
  이 가엾다.

3. 내 생각을 논술하기

🍃 제시문의 벌집을 지키는 '말벌'에 대한 내 생각을 다양한 관점에
서 글로 써 봅시다.

_____

_____

_____

_____

_____

🌿 다음 사진을 보고 자신의 새로운 생각을 만들어 봅시다.

(가) 아날로그 시계   (나) 디지털 시계

1. 상식적으로 생각하기

🌿 제시문의 두 그림을 보고 떠오르는 생각을 말해 봅시다.

(가)	(나)

 상식적인 생각 엿보기

– (가) 시간이 걸린다.	(나) 빠르고 신속하다.
– (가) 여유 있다.	(나) 바쁘다, 명확하다.
– (가) 불편하다.	(나) 편리하다.

2. 창의적으로 생각하기

🍃 제시문의 (가) '아날로그 시계'와 (나) '디지털 시계'을 보고 다양
한 관점에서 생각해 봅시다.

_____

_____

_____

_____

_____

창의적인 생각 엿보기

(가)의 아날로그와 (나)의 디지털의 논쟁점이 무엇인지에 대해 생각해
보자. (가)와 (나)에 대한 여러분의 창의적인 생각을 제안해 봅시다.

3. 내 생각을 논술하기

🍃 제시문의 (가) '아날로그 시계'와 (나) '디지털 시계'에 대한 내 생
각을 다양한 관점에서 글로 써 봅시다.

_____

_____

_____

_____

_____

🌿 다음 그림을 보고 자신의 새로운 생각을 만들어 봅시다.

(가) 악어   (나) 악어새

1. 상식적으로 생각하기

🌿 제시문의 두 그림을 보고 떠오르는 생각을 말해 봅시다.

(가)	(나)

상식적인 생각 엿보기

- (가)와 (나)는 서로 공생 관계이다.
- (나)는 강가에서 주로 서식하는 조류이다.
- (가)는 무섭고 위험하지만 (나)는 작고 귀엽다.
- (가)는 늪이나 강에서 주로 서식하는 육식 동물이다.
- (가)와 (나)는 사람에게 해가 될 수도 있지만 이롭게 할 수도 있다.
- (가)는 잠수해 오래 견딜 수 있지만 날 수는 없다.
- (나)는 날 수 있지만 잠수할 수 없다.

2. 창의적으로 생각하기

🍃 제시문의 (가) '악어'와 (나) '악어새'의 관계를 통해서 우리 주변
에서 일어날 수 있는 상황을 다양한 관점에서 생각해 봅시다.

_____

_____

_____

_____

 창의적인 생각 엿보기

- 악어의 눈물은 사실일까?
- 악어는 악어새를 먹잇감으로 생각하지 않을까?
- 악어는 무섭고 위험한 동물이지만 악어새는 아랑곳하지 않고 본연의
  임무를 수행한다.
- 악어새는 주로 껍질에 붙어있는 기생충을 잡아먹는다. 악어의 입 속
  에 있는 찌꺼기를 빼먹는 일이 목격되거나 기록된 사실은 없다고 한
  다. 과연 악어와 악어새는 공생 관계가 맞을까?

3. 내 생각을 논술하기

🍃 제시문의 (가) '악어'와 (나) '악어새'에 대한 내 생각을 다양한 관
점에서 글로 적어 봅시다.

_____

_____

_____

_____

_____

다음 그림을 보고 자신의 새로운 생각을 만들어 봅시다.

(가) 토마토

(나) 감자

1. 상식적으로 생각하기

제시문의 두 그림을 보고 떠오르는 생각을 말해 봅시다.

(가)	(나)

 상식적인 생각 엿보기

- (가)와 (나)는 모두 둥그렇다.
- (가)와 (나)는 다양한 요리 재료로 이용된다.
- (가)는 익으면 빨갛지만 (나)는 익어도 변함이 없다.
- (가)는 날것으로 먹을 수 있지만 (나)는 주로 익혀 먹는다.
- (가)는 줄기에서 꽃이 피고 열매가 열리지만 (나)는 줄기에서 꽃이 피고 땅속에 알뿌리가 맺힌다.

2. 창의적으로 생각하기

🍃 제시문의 (가) '토마토'와 (나) '감자'를 다양한 관점에서 생각해 봅 시다.

_____

_____

_____

_____

_____

창의적인 생각 엿보기

- 토마토는 과일일까? 채소일까?
- 감자가 줄기에 달리면 어떨까?
- 땅속에서 토마토를 캘 수는 없을까?
- 토마토와 감자를 한 식물에서 모두 열리게 할 수 없을까?
- 다양한 모양, 다양한 색깔의 감자와 토마토는 생산될 수 없을까?

3. 내 생각을 논술하기

🍃 제시문의 (가) '토마토'와 (나) '감자'에 대한 내 생각을 다양한 관 점에서 글로 적어 봅시다.

_____

_____

_____

_____

_____

🍃 다음 그림을 보고 자신의 새로운 생각을 만들어 봅시다.

(가) 벌   (나) 꽃

1. 상식적으로 생각하기

🍃 제시문의 그림을 보고 떠오르는 생각을 말해 봅시다.

(가)	(나)

 상식적인 생각 엿보기

> – (가)는 부지런하다.
> – (가)는 침과 독이 있어 무섭다.
> – (가)와 (나)는 서로 공생 관계이다.
> – (가)는 꽃가루를 묻혀주고 꿀을 가져간다.
> – (나)는 꽃가루 알레르기를 일으킬 수 있다.
> – (나)는 다른 꽃가루를 받고 꿀을 제공해 준다.
> – (가)는 달콤함을 주고 (나)는 향기와 아름다움을 준다.

2. 창의적으로 생각하기

✍ 제시문의 (가) '벌'과 (나) '꽃'에 대한 내 생각을 다양한 관점에서 생각해 봅시다.

_____

_____

_____

_____

💡 창의적인 생각 엿보기

– 애완용 벌은 없을까?

– 벌침과 독은 무섭지만 치료에 이용된다.

– 벌이 없어도 꽃가루를 수정할 수 있는 방법은 없을까?

– 벌이 사라지면 꽃도 사라진다. 꽃이 있어야 벌도 산다. 해결 방안은 없을까?

– 꽃가루 알레르기를 일으키는 성분을 중화시켜 누구나 꽃을 가까이 볼 수 있게 할 수는 없을까?

3. 내 생각을 논술하기

✍ 제시문의 (가) '벌'과 (나) '꽃'에 대한 내 생각을 다양한 관점에서 글로 적어 봅시다.

_____

_____

_____

_____

다음 그림을 보고 자신의 새로운 생각을 만들어 봅시다.

(가) 창문

(나) 주사위

1. 상식적으로 생각하기

 제시문의 두 그림을 보고 떠오르는 생각을 말해 봅시다.

(가)	(나)

 상식적인 생각 엿보기

- (가)는 서로 대칭이다.
- (나)는 입체적이며 정육면체이다.
- (나)는 점이 있고 모서리가 둥글다.
- (가)의 모양은 대부분 직사각형이다.
- (가)는 유리가 있고 모서리에 각이 져 있다.
- (나)는 각 면에 점으로 숫자를 표시하고 있다.
- (가)를 통해서 사계절 풍경을 감상할 수 있다.
- (가)는 던지면 부서지지만 (나)는 예측할 수 없는 숫자가 나온다.

2. 창의적으로 생각하기

제시문의 (가) '창문'과 (나) '주사위'에 대한 내 생각을 다양한 관점에서 생각해 봅시다.

_____

_____

_____

_____

창의적인 생각 엿보기

- 주사위는 마주 보는 면의 숫자의 합이 같다.
- 직사각형과 정사각형의 다른 점은 무엇일까?
- 점이 모이면 선이 되고 선이 모이면 면이 된다.
- 창문이나 주사위 모두 점, 선, 면으로 이루어졌다.
- 유리창문의 투명도가 온도 및 햇빛의 양에 따라 자동으로 바뀌면 어떨까?
- 주사위 면의 점 대신에 던지는 높이에 따라 숫자가 나오도록 하면 어떨까?

3. 내 생각을 논술하기

제시문의 (가) '창문'과 (나) '주사위'에 대한 내 생각을 다양한 관점에서 글로 적어 봅시다.

_____

_____

_____

_____

_____

창의성을 키우는 논술학습 (59)

🍃 다음 제시문을 읽고 자신의 새로운 생각을 만들어 봅시다.

> 무더운 여름 가장 많이 생각나는 것은 무엇일까? 물, 아이스크림, 바람, 과일 등 시원한 많은 것들이 생각난다. 그리고 빼놓을 수 없는 것이 있다. 냉장고다. 더위에 지친 사람이라면 집에 돌아와 가장 먼저 손이 닿는 곳이 아마 냉장고가 아닐까? 그리고 대부분의 사람들은 냉장고를 무한히 신뢰하고 있다. 사람들은 사계절 모든 음식물은 냉장고에 보관한다. 어느 날 학교에서 돌아온 ○○가 요란하게 소리가 나는 냉장고 안에 있던 우유를 마시고 배탈이 났다. 믿었던 냉장고였다.

1. 상식적으로 생각하기

🍃 제시문의 글을 읽고 떠오르는 생각을 말해 봅시다.

상식적인 생각 엿보기

- 냉장고는 시원하다.
- 얼음을 만들 수 있다.
- 계절에 상관없이 이용한다.
- 전동기(모터) 소리가 나서 소음이 발생된다.
- 시간이 흐를수록 음식물이 쌓여 결국에는 버린다.
- 보관된 음식은 의심하지 않고 무의식적으로 먹는다.
- 시원해지는 만큼 외부 열이 발생하고 불쾌감을 느낀다.
- 음식물이 상하지 않도록 보관하는 곳이지만 변질될 수도 있다.

2. 창의적으로 생각하기

제시문의 '냉장고'에 대한 내 생각을 다양한 관점에서 생각해 봅시다.

_____

_____

_____

_____

창의적인 생각 엿보기

- 식중독을 예방할 수 있는 방법은 없을까?
- 냉장실과 냉동실의 상하 위치를 바꾸면 어떨까?
- 현대의 대표적인 가정용 발명품이라고 할 수 있을까?
- 유통기한을 넘겨서 버려지는 음식물을 줄일 방법은 없을까?
- 열과 소음의 발생을 줄이고 조용하고 쾌적한 냉장고는 없을까?
- 부피가 크고 무거운 냉장고의 이동을 주부가 쉽고 간편하게 할 수 없을까?
- 냉장고 안의 음식물에 대한 유통기한을 쉽게 알아볼 수 있는 방법은 없을까?

3. 내 생각을 논술하기

제시문의 '냉장고'에 대한 문제점과 해결방안을 다양한 관점에서 글로 적어 봅시다.

_____

_____

_____

_____

🍃 다음 글을 읽고 자신의 새로운 생각을 만들어 봅시다.

> **(가) 폐자판기**
> 지구상에 버려지는 물건들이 무진장 많다. 가정 생활용품에서부터 자동차까지 수 만 가지에 이른다. ○○이는 수업을 마치고 집에 가던 중 고물상 앞을 지나다가 버려진 자판기를 보고 걸음을 멈추었다.
>
> **(나) 저금통**
> ○○이는 물건을 사고 거스름돈으로 받은 동전이나 1,000원짜리 지폐 등을 저금통에 3년 정도 모았더니 가득 찼다. 저금통을 열어 동전과 지폐를 헤아려 보았다. 기분은 좋았지만 동전을 헤아리는 것은 불편한 일이었다. 시간도 많이 걸리고 1원짜리, 10원짜리, 50원짜리, 100원짜리, 500원짜리 동전까지 섞여있어 혼란스러웠다.

1. 상식적으로 생각하기

🍃 제시문 (가)와 (나)의 글을 읽고 떠오르는 생각을 말해 봅시다.

(가)	(나)

 상식적인 생각 엿보기

> – (가)는 주로 동전을 사용한다.
> – (가)에 지폐가 사용될 때도 있다.
> – (나)는 동전이나 지폐를 모을 수 있다.
> – (나)를 가득 채우려면 인내력이 필요하다.
> – (가)는 고물상이나 길거리에서 볼 수 있다.
> – (가)는 동전이나 지폐가 바뀌면 무용지물이 된다.
> – (나)를 계산하기가 어렵고 시간이 많이 소요된다.
> – (나)에 들어가는 동전이 대부분 서랍 속에 잠자고 있거나 버려지고 있다.

2. 창의적으로 생각하기

🍃 버려지는 (가) '폐자판기'와 (나) '저금통'에 대한 내 생각을 다양한 관점에서 생각해 봅시다.

_____

_____

_____

_____

 창의적인 생각 엿보기

― 저금통의 동전을 쉽게 계산할 수 있는 방법은 없을까?
― 잠자는 동전을 저금통으로 쉽게 가져올 수 있는 방법은 없을까?
― 저금통에 동전이나 지폐를 넣을 때마다 금액을 바로 알 수 없을까?
― 작은 액수의 동전을 보고 무심코 지나치지 않도록 하는 방법은 없을까?
― 폐자판기와 저금통의 장점을 결합하여 재활용할 수 있는 방법은 없을까?
― 새로운 화폐 발행으로 발생되는 문제점과 버려지는 ATM기기의 해결방법은 없을까?

3. 내 생각을 논술하기

🍃 제시문의 (가) '폐자판기'와 (나) '저금통'에 대한 문제점과 해결방안을 다양한 관점에서 글로 적어 봅시다.

_____

_____

_____

_____

_____

다음 제시문의 속담을 읽고 자신의 새로운 생각을 만들어 봅시다.

> ## "친구 따라 강남 간다."

1. 상식적으로 생각하기

'친구'하면 떠오르는 생각을 마인드맵으로 나타내 봅시다.

상식적인 생각 엿보기

– 친구는 오래도록 친하게 사귀어 온 사람을 일컫는 말이다.
– 친구는 같은 반 벗이다.
– 친구가 많으면 좋다.
– 친구가 없는 사람은 행복하지 않다.
– 친구는 인생에 매우 중요한 존재이다.

2. 창의적으로 생각하기

🍃 제시문의 '친구 따라 강남 간다'의 속담을 다양한 관점에서 생각
해 봅시다.

_____

_____

_____

_____

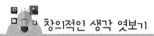 창의적인 생각 엿보기

예로부터 '친구'와의 관계는 삼강오륜의 한 영역을 차지할 정도로 우
리 삶에 지대한 영향을 주고 있고, 친구 덕분에 복을 받거나 친구로 인
하여 해를 입는 경우의 구전동화를 통하여 친구의 중요성은 여전히 강
조되고 있다. 제시문의 속담은 자신은 별로 하고 싶지 않은 일을 남이
하는 대로 덩달아 하게 됨을 비유적으로 이르는 말이다. 그렇다면 친구
로 인하여 삶의 변화를 겪게 되는 사람은 다른 사람에게 좋은 친구가
될 수 있을까? 좋은 친구를 찾기 전에 내가 좋은 친구가 되는 건 어떨
까? 친구관계에서 중요한 것은 무엇일까? 서로에게 도움이 되는 관계는
어떻게 이루어질 수 있을까? 내가 생각하는 좋은 친구의 모습은?

3. 내 생각을 논술하기

🍃 '친구'에 대한 내 생각을 다양한 관점에서 글로 써 봅시다.

_____

_____

_____

_____

창의성을 키우는 논술학습 (62)

🍃 다음 제시문의 속담을 읽고 자신의 새로운 생각을 만들어 봅시다.

> ### "콩 심은 데 콩 나고 팥 심은 데 팥 난다."

1. 상식적으로 생각하기

🍃 제시문의 속담을 읽고 떠오르는 생각을 말해 봅시다.

 상식적인 생각 엿보기

- 콩을 심으면 콩이 난다.
- 팥을 심으면 팥이 난다.
- 모든 일에 원인과 결과가 있다.
- 우리나라 속담이다.

2. 창의적으로 생각하기

🍃 제시문의 '콩 심은 데 콩 나고 팥 심은 데 팥 난다'란 속담을 다양한 관점에서 생각해 봅시다.

_____

_____

_____

_____

창의적인 생각 엿보기

'콩 심은 데 콩 나고 팥 심은 데 팥 난다'는 속담은 모든 일에는 원인과 결과가 있다는 것을 비유적으로 표현한 말이다. 우리가 생활하면서 겪는 많은 일들의 결과를 살펴보면 합당한 원인이 있다는 것을 알게된다. 나쁜 결과의 원인이 되는 요소를 제거하고 좋은 결과의 원인이되는 것을 지향하는 태도를 길러보자. 그러면 반성적인 사고를 하게되고 나날이 발전하는 삶의 모습을 보이게 될 것이다. 하지만 때로는팥을 심었는데 콩이 나는 황당한 경우도 만나게 되는데 이럴 땐 어떻게 해야 할까? 어떤 경우에 그런 일이 생길까? 제시문의 속담을 다양한 관점에서 생각해 보자.

3. 내 생각을 논술하기

🍃 제시문의 '콩 심은 데 콩 나고 팥 심은 데 팥 난다'의 속담에 대한 내 생각을 다양한 관점에서 글로 적어봅시다.

_____

_____

_____

_____

🌿 다음 제시문의 속담을 읽고 자신의 새로운 생각을 만들어 봅시다.

> ### "얌전한 고양이 부뚜막에 먼저 올라간다."

1. 상식적으로 생각하기

🌿 제시문의 속담을 읽고 떠오르는 생각을 말해 봅시다.

 상식적인 생각 엿보기

- 겉으로는 얌전한 체하지만 속으로는 딴짓을 한다.
- 겉으로는 드러내지 않으며 자기 실속을 다 차린다.
- 사람을 겉모습으로만 판단해서는 안 된다.
- 겉과 속이 다른 사람을 빗대어 표현한 말이다.
- 우리나라 속담이다.

2. 창의적으로 생각하기

✍️ 제시문의 '얌전한 고양이 부뚜막에 먼저 올라간다'란 속담을 읽고 다양한 관점에서 생각해 봅시다.

_____

_____

_____

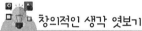

창의적인 생각 엿보기

제시문의 '얌전한 고양이 부뚜막에 먼저 올라간다'는 겉으로는 얌전한 고양이가 자기 이익 앞에서 행동이 앞서는 것을 꼬집은 말이다. 겉으로 보이는 모습과 달리 속으로는 딴 짓을 하거나 자기 실속을 다 차리는 경우를 빗대어 표현한 말이다. 그러나 '얌전한 고양이 부뚜막에 먼저 올라간다'를 다양한 관점에서 접근하면 결과가 달라질 수도 있다. 즉 얌전하지만 상황에 따라 자기표현을 잘할 수 있는 용기 있는 사람이라고 보아 줄 수도 있는 것이다. 평소 얌전해 보이는 사람이더라도 자기 실속을 차리는 행동을 했을 때 그것을 인정해 줄 수 있는 분위기가 필요하다. '저 사람에게 저런 면이 있었구나' 하고 칭찬해 준다면 관계는 더 발전할 수 있다. 즉 고양이의 실속을 차리는 행동은 어쩌면 자기 실속 없이 행동하여 다른 사람에게 피해를 주는 사람을 깨우쳐 줄 수 있지 않겠는가? 제시문의 속담을 다양한 관점에서 생각해 보자.

3. 내 생각을 논술하기

✍️ 제시문의 '얌전한 고양이 부뚜막에 먼저 올라간다'란 속담에 대한 내 생각을 다양한 관점에서 글로 써봅시다.

_____

_____

_____

🌿 다음 제시문의 광고와 글을 보고 자신의 새로운 생각을 만들어 봅시다.

(가)

(나)

　종이컵 내부는 폴리에틸렌으로 코팅처리 되어 있어 뜨거운 차를 담아 마시는 것은 건강에 치명적이다. 종이컵의 재활용률은 14%, 자연 분해되는 데는 20년, 종이컵 65개를 모으면 재생화장지 1롤을 만들 수 있다. 국내 종이컵의 연간 사용량은 10억 개 가량이고 이를 재활용하면 매년 여의도 면적의 10배가 넘는 숲이 만들어지는 효과를 얻을 수 있다.

출처: 공익광고협의회 https://www.kobaco.co.kr

1. 상식적으로 생각하기

🌿 제시문 (가) '광고'와 (나)의 '글'을 보고 떠오르는 생각을 말해 봅시다.

(가)	(나)

상식적인 생각 엿보기

(가) – 종이컵의 사용을 줄여야겠다.
　　 – 일회용품 사용을 줄여야겠다.
　　 – 컵을 사용하면 나무를 심는 효과를 얻을 수 있다.
(나) – 종이컵의 사용은 건강에 해롭다.
　　 – 종이컵의 재활용률이 낮다.
　　 – 종이컵 사용을 줄이는 노력은 함께 할 때 효과적이다.

2. 창의적으로 생각하기

제시문 (가) '광고'와 (나) '글'을 보고 다양한 관점에서 문제점과
실천방안을 찾아봅시다.

_____

_____

_____

_____

창의적인 생각 엿보기

일회용품은 환경을 훼손시킬 뿐만 아니라 건강에도 해롭다는 것은 상
식적으로 다 알고 있는 내용이다. 그러나 모두가 알고 있으면서도 실천
이 되지 않는 이유를 다양한 관점에서 생각을 해 보자. 범지구적 관점
에서 생각해 보면 내가 사용하는 일회용품이 열대우림의 숲을 파괴하
게 된다. 그 숲이 파괴되면 부메랑처럼 그 피해가 우리에게 되돌아오게
되는 것이다. 이제 환경보전은 선택이 아니라 필수이며 모두 함께 하지
않으면 미래를 보장받을 수 없다. 환경과 건강을 지키기 위한 다양한 실
천을 이끌어 낼 수 있는 창의적인 실천방안을 찾아보자.

3. 내 생각을 논술하기

제시문 (가) '광고'와 (나) '글'을 다양한 관점에서 보고 문제점과
실천방안을 찾아 내 생각을 글로 써 봅시다.

_____

_____

_____

_____

🍃 다음 제시문을 보고 자신의 새로운 생각을 만들어 봅시다.

(가) 북극곰의 피부털은 희다.	(나) 북극곰의 속살은 검다.

1. 상식적으로 생각하기

🍃 제시문의 두 내용을 보고 떠오르는 생각을 말해 봅시다.

(가)	(나)

상식적인 생각 엿보기

– (가)북극곰의 털은 흰색이다.
– (나)북극곰의 속살은 검다.
– (가)처럼 북극곰은 우리 눈에 보이기는 전체가 새하얗게 보인다. 그 래서 속살의 색깔도 하얀색일 것으로 생각한다. 하지만 털에 가려져 보이지 않는 피부는 (나)처럼 검은색이다.
– 북극에 살고 있는 북극곰은 극지방 환경에 적응을 잘해서 빙하 위에 서 생활하는 동물의 상징이다.

2. 창의적으로 생각하기

🍃 제시문의 두 글을 보고 다양한 관점에서 생각해 봅시다.

_____

_____

_____

_____

 창의적인 생각 엿보기

'백곰'이라고도 불리는 북극곰은 영하 40도의 가혹한 추위와 강한 눈보라를 견디며 살아간다. 북극곰은 왜 털과 피부의 색이 다를까? 피부에는 보온이 잘 되는 촘촘하게 난 짧은 털과 방수가 잘 되는 긴 털이 두 개의 층을 이루고 있다. 털 속의 빈 공간은 공기가 채워져 있어 단열 효과를 높일 수 있다. 피부는 검은색으로 빛과 열을 흡수할 수 있다. 또 피부 밑에는 두꺼운 지방층이 있어 외부와 차단을 해준다. 이 외에도 북극곰이 환경에 적응한 모습은 무엇일까? 북극곰 이외에도 다른 동물은 환경에 어떻게 적응했을까? 북극의 주인이라고 불리는 북극곰이 오늘날 지구온난화와 환경오염으로 수난을 겪고 있다. 이 문제를 해결하기 위해 우리는 어떤 노력을 해야 할까? 다양한 관점에서 자신의 생각을 정리해 보자.

3. 내 생각을 논술하기

🍃 제시문에 대한 내 생각을 다양한 관점에서 글로 써 봅시다

_____

_____

_____

_____

_____

🍃 다음 광고를 보고 자신의 새로운 생각을 만들어 봅시다.

출처: 공익광고협의회 https://www.kobaco.co.kr

1. 상식적으로 생각하기

🍃 제시문의 광고를 보고 떠오르는 생각을 말해 봅시다.

 상식적인 생각 엿보기

- 버려진 동물에 대한 이야기이다.
- 생명을 장난감처럼 대하지 말아야겠다는 생각이 드러나 있다.
- 유기동물 발생 건수가 해마다 증가하고 있다.
- 동물도 우리와 같은 감정과 고통을 느낀다.

2. 창의적으로 생각하기

🍃 제시문의 광고를 보고 다양한 관점에서 생각해 봅시다.

_____

_____

_____

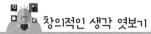
창의적인 생각 엿보기

> 최근 우리나라에서도 반려동물을 키우는 가정이 늘어나고 있다. 사람의 장난감이라는 뜻의 애완동물보다는 사람과 더불어 사는 동물로 동물이 인간에게 주는 여러 혜택을 존중하여 반려동물로 불리고 있다. 반려동물의 종류도 아주 다양해지고 있다. 동물의 생명과 안전을 보호하고 동물의 복지를 증진하며 사람과 동물이 함께 더불어 사는 생명존중의 사회를 구현하고자 동물보호법이 제정되었고 법이 엄격해지고 있다. 그러나 매년 유기동물의 수가 늘어나고 있고 동물학대 사건이 자주 발생하여 보도되고 있는 실정이다. 생명에 대한 소중함을 지키기 위해서는 책임이 뒤따라야 한다. 인간과 동물이 함께 행복하기 위해서는 어떻게 해야 할까? 자신의 생각을 다양한 관점에서 생각해 보자.

3. 내 생각을 논술하기

🍃 제시문의 광고를 보고 떠오르는 인간과 동물이 함께 행복하게 살기 위해서는 어떻게 해야 할지 내 생각을 다양한 관점에서 글로 써 봅시다.

_____

_____

_____

_____

🍃 다음 제시문을 보고 자신의 새로운 생각을 만들어 봅시다.

(가) 세 잎 클로버 　　　(나) 네 잎 클로버

1. 상식적으로 생각하기

🍃 제시문의 (가)와 (나)를 보고 떠오르는 생각을 말해 봅시다.

(가)	(나)

 상식적인 생각 엿보기

- (가) 세 잎 클로버는 집단을 이루어 모여 있다.
- (나) 네 잎 클로버로 행운의 상징이다.
- (가)는 주변에서 흔히 볼 수 있고 (나)를 찾기 위해서는 클로버 군락
  을 이리저리 뒤져보고 찾아야 한다.
- (가)와(나)의 꽃을 이용해서 반지, 팔찌, 목걸이를 만들어 놀 수 있다.

2. 창의적으로 생각하기

🍃 제시문의 (가)와 (나)를 보고 다양한 관점을 생각해 봅시다.

_____

_____

_____

🐿️ 창의적인 생각 엿보기

> 클로버는 우리에게 친숙한 식물이다. 우리 주변에서 자주 볼 수 있으며 클로버 꽃을 이용해 꽃반지, 목걸이 만들기 등 다양한 체험 놀이를 해 본 적이 있다. 특히 네 잎 클로버는 행운의 상징이라고 생각하고 클로버 무리를 만나면 자연스럽게 네잎 클로버를 찾게 된다. 이것은 많은 것에 비해 희귀한 것에 더 끌리는 것일 수도 있다. 네잎 클로버가 생기는 이유는 유전적 영향과 생장점의 상처로 생긴다. 유전자 영향은 DNA가 이상이 생겨서 생기는 것이고 생장점의 상처는 밟히거나 바이러스에 감염되는 등 상처가 생기면 그 자리를 메우려고 잎이 하나 더 나는 것이라고 한다. 우리는 네 잎 클로버는 행운의 상징이라고 좋아한다. 그러나 실제 생활에서는 '다르다'는 것을 '틀리다'고 생각하며 친구나 동물을 차별한 적은 없는지 생각해 보자.

3. 내 생각을 논술하기

🍃 제시문의 (가) '세 잎 클로버'와 (나) '네 잎 클로버'를 보고 떠오르는 생각을 다양한 관점에서 글로 써 봅시다.

_____

_____

_____

_____

🍃 다음 제시문을 보고 자신의 새로운 생각을 만들어 봅시다.

> 부모님과 ○○산 등산을 했다. 산을 올라가는데 나뭇잎에 구멍이 뚫린 것을 보게 되었다. 누가 나뭇잎에 구멍을 냈을까? 첫 번째 의문은 금방 해결되었다. 애벌레가 나뭇잎을 갉아먹고 있는 것을 볼 수 있었던 것이다. 그런데 새로운 의문이 생겼다. 왜 애벌레는 나뭇잎을 일정한 무늬처럼 띄엄띄엄 갉아 먹는 것일까?

1. 상식적으로 생각하기

🍃 제시문의 글을 읽고 (가) '애벌레 입장', (나) '나뭇잎 입장'에서 떠오르는 생각을 말해 봅시다.

(가)	(나)

상식적인 생각 엿보기

(가) 애벌레 입장	(나) 나뭇잎 입장
– 맛있는 부분을 골라 먹고 싶다.	– 아프다, 고통스럽다.
– 이동하면서 먹는 것을 좋아한다.	– 움직일 수 없다.
– 생존을 위해 먹어야 한다.	– 먹히고 싶지 않다.

2. 창의적으로 생각하기

🍃 제시문의 (가) '애벌레 입장'과 (나) '나뭇잎 입장'을 보고 떠오르는 생각을 다양한 관점에서 적어 봅시다.

_____

_____

_____

_____

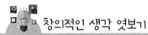
창의적인 생각 엿보기

> 애벌레는 자신의 생존을 위해 나뭇잎을 먹는다. 먹이사슬에서 움직일 수 없는 나뭇잎은 애벌레의 공격을 그냥 당하고만 있을까? 애벌레는 왜 나뭇잎 여기저기를 이동하며 먹이를 섭취할까? 나뭇잎이 애벌레에게 먹힌 흔적이 물방울처럼 무늬를 이루고 있는 이유는 무엇일까? 애벌레와 나뭇잎과의 관계를 보이지 않는 부분까지 찾아내어 보자. 생태계 내에서 나뭇잎과 애벌레가 함께 살아가기 위해 어떤 노력을 하고 있을지 다양한 관점에서 생각해 보자.

3. 내 생각을 논술하기

🍃 나뭇잎의 흔적을 통해 생태계에서 식물과 애벌레의 관계를 다양한 관점에서 글로 써 봅시다.

_____

_____

_____

_____

창의성을 키우는 논술학습 (69)

🍃 다음 두 사진을 보고 자신의 새로운 생각을 만들어 봅시다.

(가) 버스   (나) 트램(도심에서 달리는 노면 전차)

1. 상식적으로 생각하기

🍃 제시문의 두 사진을 보고 떠오르는 생각을 말해 봅시다.

(가)	(나)

 상식적인 생각 엿보기

- (가)는 일상에서 흔히 볼 수 있는 버스이다. (나)는 트램으로 우리나라에서는 볼 수 없는 도심에 놓인 레일 위를 달리는 전차이다.
- (가)는 도심 내부에서, 혹은 도시와 도시를 이동하는데 사용되며 도로 위로 다니고 다양한 코스로 다닐 수 있다. (나)는 전깃줄과 레일이 설치된 도시 내부에서만 움직일 수 있고 레일 설치에 많은 비용이 든다.
- (가)는 굉장히 보편적인 운송 수단이지만 도로 사정에 따라 도착시간이 늦어지거나 빨라질 수 있다. (나)는 이색적이어서 관광산업에 도움이 되며, 항상 일정한 시간을 맞추어 운행할 수 있다.

2. 창의적으로 생각하기

🌿 제시문의 두 사진을 보고 다양한 관점에서 생각해 봅시다.

_____

_____

_____

_____

창의적인 생각 엿보기

(가)의 버스와 (나)의 트램은 모두 각기 편리함을 가지고 있다. 버스는 우리나라에서도 편리하게 운행되고 있지만 트램은 우리나라에서는 운행되고 있지 않다. 버스와 트램의 장단점을 비교하는 것은 누구나가 가능한 일이다. 그러나 (나)의 트램을 우리나라에서 어떻게 활용할 수 있을지, 활용했을 때 버스와의 차이점은 무엇인지에 대해 생각해 보자. 우리 고유의 디자인으로 채색된 트램을 설치하여 운영한다면 이색적인 테마관광이 되지 않을까? 여러분이 생각하는 버스와 트램의 차이를 비교해 보고 우리나라에서 어떻게 창의적으로 활용할 수 있을지 생각해 보자.

3. 내 생각을 논술하기

🌿 제시문 (가) '버스'와 (나) '트램'에 대한 내 생각을 다양한 관점에서 글로 써 봅시다.

_____

_____

_____

_____

창의성을 키우는 논술학습 (70)

 다음 두 사진을 보고 자신의 새로운 생각을 만들어 봅시다.

(가) 스파게티   (나) 꽃전

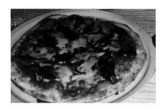 

1. 상식적으로 생각하기

 제시문의 두 사진을 보고 떠오르는 생각을 말해 봅시다.

(가)	(나)

🌏 상식적인 생각 엿보기

- (가)는 이탈리아의 대중적인 음식인 피자이며 큰 판을 조각내어 먹는다. (나)는 꽃전(화전)으로 진달래를 얹어서 구운 우리나라 전통 음식이며 작게 만든다.
- (가)는 쉽게 배달해 먹을 수 있고 만들어 먹을 수도 있는 음식이다. (나)는 예쁘지만 흔히 접할 수 없고 꽃이 피는 계절이 아니면 만들어 먹을 수 없는 음식이다.
- (가)는 넣는 재료에 따라 다양한 종류의 피자를 만들 수 있다. (나)의 꽃전도 봄에는 주로 진달래꽃을 사용하나 여름에는 장미, 가을에는 국화 등으로 다양하게 만들 수 있다.
- (가)는 열량이 높아서 자주 먹으면 비만을 부를 수 있지만 어린이들이 아주 좋아하는 음식이다. (나)는 찹쌀과 꽃으로 만들어 열량은 낮으나 어린이들보다는 어린 시절 꽃전을 먹어 본 어른들이 특별한 날 만들어 먹는 추억의 음식이다.

2. 창의적으로 생각하기

🍃 제시문의 두 사진을 보고 다양한 관점에서 생각해 봅시다.

_____

_____

_____

_____

🎲 창의적인 생각 엿보기

- (가)는 크게 만들어 공평하게 잘라서 나누어 먹는 서양인들의 합리적 인 사고방식이 잘 나타나 있다.
- (나)의 꽃전(화전)은 하나의 꽃이 가득 들어가도록 만들어 정성과 맛, 그리고 음식의 아름다움까지 즐길 수 있어 우리 조상들의 미적 감각 을 엿볼 수 있다.
- (다)한류가 대세인 요즈음 우리 전통음식인 꽃전을 접목한 피자를 만 들어 새로운 메뉴를 개발한다면 우리의 전통을 살린 퓨전피자가 탄 생하여 인기를 끌 수 있지 않을까?
- (라) 이 외에도 우리나라의 음식과 서양 음식을 융합하여 만들 수 있 는 퓨전 요리에는 어떠한 것들이 있을까?

3. 내 생각을 논술하기

🍃 제시문의 (가) '피자'와 (나) '꽃전'에 대한 내 생각을 다양한 관점 에서 보고, 우리나라의 음식과 서양 음식을 융합한 퓨전 요리를 상상하여 글로 써 봅시다.

_____

_____

_____

_____

다음 두 사진을 보고 자신의 새로운 생각을 만들어 봅시다.

(가) 산이 가까이 있는 농촌 마을   (나) 호수 가까이 있는 도시 아파트

1. 상식적으로 생각하기

제시문의 두 사진을 보고 떠오르는 생각을 말해 봅시다.

(가)	(나)

 상식적인 생각 엿보기

- (가)는 농촌의 밭과 산이고 (나)는 도시의 공원이다.
- (가)에서 보이는 밭과 산에서는 주변 이웃을 서로 잘 알고 지낼 것 같다.
- (나)의 공원에는 항상 많은 사람이 다녀가므로 시골처럼 이웃들과 잘 알고 지내기는 힘들 것 같다.
- (가)는 산과 들에 채소와 과일 등을 직접 재배할 수 있어 건강에 좋을 것이다.
- (나)가까이 사는 사람들은 호숫가 산책로가 잘 정비되어 있어 운동하거나 산책을 하고 자전거를 타는 등 삶의 질을 높일 수 있다.

2. 창의적으로 생각하기

제시문의 두 사진을 보고 다양한 관점에서 생각해 봅시다.

_____

_____

_____

_____

_____

창의적인 생각 엿보기

- (가)의 밭과 (나)의 공원은 모두 자연이지만 인간이 각각 다른 용도로 사용하고 있다. 밭과 공원의 차이점은 무엇일까?
- (가)의 근처에 사는 사람과 (나)의 도시공원 근처에 사는 사람들이 자연을 대하는 사고방식과 생활태도는 어떻게 다를까?
- (가)의 밭과 (나)의 공원처럼, 자연이 우리의 생활에 도움을 주는 경우는 또 어떤 것이 있을까?
- 농촌의 밭을 공원으로 꾸밀 수 있을까? 혹은 도시의 공원을 시민들을 위한 밭으로도 이용할 수 있을까?

3. 내 생각을 논술하기

제시문의 (가) '농촌'과 (나) '도시'의 자연환경 활용에 대해 나의 생각을 다양한 관점에서 글로 써 봅시다.

_____

_____

_____

_____

_____

창의성을 키우는 논술학습 (72)

🌿 다음 두 사진을 보고 자신의 새로운 생각을 만들어 봅시다.

(가) 다도해(바다에 떠 있는 산)　　　　(나) 육지의 산

1. 상식적으로 생각하기

🌿 제시문의 두 사진을 보고 떠오르는 생각을 말해 봅시다.

(가)	(나)

 상식적인 생각 엿보기

- (가)는 바닷가 산 위에서 내려다 본 마을의 모습이다. (나)도 산 위에서 내려다본 풍경이지만 산이 바다에 있는지 육지에 있는지에 따라 보이는 풍경은 다르다.
- (가)와 (나)는 모두 산으로 둘러싸여 있는 아름다운 자연 경관이지만 (가)와 (나)의 지역에서 생산되는 물건과 사람들의 생활 모습은 큰 차이가 있다.
- (가)에서 섬에서 섬으로 이동하기 위해서는 배나 다리가 필요할 것이다. 태풍으로 배가 운항하지 못하면 생활이 불편할 것이다.
- (나)의 너른 들판과 근교의 많은 산은 사람들의 생활에 도움을 줄 것이다.

2. 창의적으로 생각하기

🍃 제시문의 두 사진을 보고 다양한 관점에서 생각해 봅시다.

_____

_____

_____

_____

창의적인 생각 엿보기

- (가)와 (나)의 예전 자연환경은 지금은 전혀 다른 모습이었을지도 모른다.
- (가)는 예전에는 육지였지만 지대가 낮은 곳에 바닷물이 들어와 높은 곳만 산으로 남고 나머지는 바다가 되었을 수도 있다. (나)는 오래 전 바다였지만 지각 운동으로 땅이 융기하고 산과 계곡이 만들어져 지금의 모습이 되었을 수도 있다.
- (가)에 사는 물고기들은 예전 사람들이 다녔던 길을 따라 헤엄치고 있을지도 모르며, (나)에 사는 동물들은 조개나 물고기 뼈가 묻힌 산길을 따라 걷고 있을지도 모른다.
- 우리가 현재 보고 있는 풍경들이 과거 어떤 모습으로 존재했을지 유추해 보고, 어떻게 변화하여 지금에 이르렀는지 생각해 보자.

3. 내 생각을 논술하기

🍃 제시문의 두 사진에 나타난 부분들을 어떻게 관련지어 글을 쓰면 좋을 것인지 생각해 보고 다양한 관점에서 글로 써 봅시다.

_____

_____

_____

_____

_____

🌿 다음 제시문을 읽고 자신의 새로운 생각을 만들어 봅시다.

> 싱가포르는 법이 엄격하기로 유명하다. 국제 자유무역항이자 아시아와 유럽을 잇는 경로 한가운데에 있는 나라이기 때문에 국제적인 마약 거래의 경로로 악용될 위험이 크다. 그래서 현지 당국은 마약 거래자에 대해 태형은 기본이고 사형도 수시로 집행하고 있다. 태형(엉덩이를 때리는 처벌)은 16~50세의 남성에게만 적용되며, 한번 선고된 태형은 반드시 집행된다. 외국인에게도 예외는 없고, 죄수의 불안감을 극대화하기 위해 불시에 이루어진다. 집행은 의사의 입회 아래 최고 24대까지 가해지며, 태형 시행 도중 죄수가 실신하거나 상처가 심하면 병원에서 치료한 뒤 나머지 매를 가한다. 이때도 언제 다시 집행한다는 말이 없고, 불시에 시행하기에 기다리는 것 자체가 형벌이라고 한다. 어떤 사람들은 싱가포르의 형벌제도를 끔찍하다거나 냉혹하다고 하지만 "무질서의 천국" 싱가포르가 지금처럼 경제선진국으로 도약하는 데는 이런 강력한 형벌제도가 뒷받침되었기 때문이라는 의견도 있다. 싱가포르는 태형에 대한 국내외의 비판에도 불구하고 엄격한 형벌 덕분에 세계에서 가장 우수한 수준의 치안을 유지하고 있다며 태형을 옹호하고 있다.

1. 상식적으로 생각하기

🌿 제시문을 읽고 떠오르는 생각을 말해 봅시다.

 상식적인 생각 엿보기

> – 엉덩이를 때리는 형벌은 굉장히 아프고 창피할 것 같다.
> – 언제 태형을 받을지 모른다는 불안감이 더욱 무서울 것 같다.
> – 우리나라에도 조선시대에는 태형이 있었다.
> – 지금 우리나라에 태형이 있다면 어떨까?
> – 범죄자의 인권은 어디까지 존중되어야 할까?
> – 태형은 범죄자의 인권을 침해하는 벌일까?

2. 창의적으로 생각하기

🍃 제시문을 읽고 다양한 관점에서 생각해 봅시다.

_____

_____

_____

_____

창의적인 생각 엿보기

– 범죄자에게는 어떠한 형벌들이 효과적일까?
– 이러한 형벌을 내리면 범죄를 예방하는데 어떠한 효과가 있을까?
– 태형과 사형 덕분에 싱가포르의 범죄율은 굉장히 낮지만, 한편으로는 태형이 인권을 침해한다는 목소리도 높다. 어느 것을 더 우선시해야 할까?
– 우리나라에는 팽형烹刑이라는 형벌이 있었다. '팽형'이란 '사람을 삶아 죽이는 벌'이라는 뜻인데, 실제로 사람을 죽이는 것은 아니고, 사람들이 많이 다니는 네거리에 큰 가마솥을 걸어 놓고 물을 데워 죄인을 잠시 담갔다가 끄집어냈다. 팽형으로 체면을 구기면 사회에서 완전 매장되어 죽은 목숨이나 다름없는 엄한 제도였기에 체면을 중시하는 우리나라 사회에는 매우 강도 높은 벌이었다. 현대 사람들은 체면을 구기는 벌과 육체적 고통을 받는 벌 중 어느 것을 더 두려워할까?

3. 내 생각을 논술하기

🍃 제시문을 읽고 현재 우리나라에서 일어나고 있는 강력범죄에 대한 대처방안을 모색해 보고 다양한 관점에서 글을 적어 봅시다.

_____

_____

_____

_____

창의성을 키우는 논술학습 (74)

📎 다음 제시문을 읽고 자신의 새로운 생각을 만들어 봅시다.

> 페루의 남부에 위치한 나스카 고원은 사람들이 접근하기 어려운 불모의 대지이다. 1년에 한 번꼴로 30분 정도의 안개비가 내리는 것 외에 비가 거의 오지 않는 이곳은 지구에서 가장 건조한 지역에 속한다. 이 광대한 고원에 원숭이, 벌새, 거미와 삼각형 사각형 사다리꼴 직선 등등의 기하학적 도형이 그려져 있다. 사람들은 이 그림을 나스카 그림이라고 부른다. 광대한 고원에 그려진 나스카 문양은 약 300개 정도 있는데, 하나의 크기는 10m에서 300m에 이른다. 나스카 그림이 얼마나 오래되었는지, 누가 어떤 목적으로 그림을 그렸는지 정확히 알 수 없지만, 기원전 350년에서 600년 사이에 그려졌을 것으로 추측된다. 이 지상 그림은 돌을 제거하면서 만들어진 문양이기에, 연대를 추측할 방법이 없으며, 확실한 것은 적어도 1400년 전에 그려졌다는 것뿐이다. 나스카 그림은 너무 커서 지상에서 보면 그 형태를 알아볼 수 없다. 비행기를 타고 상공으로 올라가서 봐야 문양의 형태를 알 수 있기에 나스카 그림이 발견된 것은 1930년대 나스카 대평원으로 비행항로가 개설되면서부터이다. 이 그림은 누가 무슨 의도로 그렸을까? 누구를 위해 그렸을까? 최초로 그림을 스케치한 사람은 공중에서만 볼 수 있는 이런 그림을 어떻게 구상할 수 있었을까?

1. 상식적으로 생각하기

📎 제시문의 글을 보고 떠오르는 생각을 말해 봅시다.

상식적인 생각 엿보기

- 나스카 그림은 직선과 곡선으로 단순하게 그려져 있다.
- 그림 그리는 데 많은 사람이 동원되었을 것이다.
- 그림을 그렸지만, 위에서 자기들이 그린 그림을 한 번도 볼 수 없었을 것이다.
- 그림을 그리는 데 오랜 시간이 걸렸을 것이다.

2. 창의적으로 생각하기

 제시문의 글을 보고 다양한 관점에서 생각해 봅시다.

_____

_____

_____

_____

창의적인 생각 엿보기

> – 나스카의 그림은 많은 사람에게 어떻게 그려졌는지, 누가 그렸는지에
> 대한 의문을 가지게 하였다. 우리는 현재의 문명이 가장 발달했다고
> 생각하고 고대의 기술이 현대기술과 비교하면 보잘것없었으리라 생각
> 하지만, 나스카의 그림을 보면 고대에도 현대 문명에 뒤지지 않는 기술
> 이 발달하지 않았을까 하는 의문이 든다.
> – 나스카 사람들은 누구를 위해서 그림을 그렸을까? 높은 하늘 위에서
> 바라보아야 알 수 있는 그림을 볼 수 있는 사람은 누구였을까?

3. 내 생각을 논술하기

 만약 내가 나스카 고원에 그림을 그릴 수 있는 기회가 있었다면
나는 무엇을 그렸을까요? 그 이유는 무엇인가요? 어떤 방법을
사용해서 큰 그림을 그렸을까요?

_____

_____

_____

_____

_____

창의성을 키우는 논술학습 (75)

🍃 다음 제시문을 읽고 자신의 새로운 생각을 만들어 봅시다.

> (가) 문화는 인간 집단의 생활양식이다. 문화는 우리를 동물과 구분 지어 주는 것으로 시대나 장소에 따라 다양하게 변화하며 사람들의 행동에 영향을 미친다. 예를 들면, 추운 겨울을 나야하는 한국 사람들은 따뜻한 온돌이 있는 한옥에 살았고, 지진이 많은 일본의 사람들은 지진을 잘 견디는 목조 건물에서 살았다. 태국이나 베트남 등 물이 많은 곳에서는 수상 가옥에 사는 사람들도 있고, 몽골의 유목민들은 이동식 천막에서 산다.
>
> (나) 개미의 종류에 따라 다양한 개미집이 존재한다. 베짜기 개미는 애벌레가 고치를 만드는 실을 이용하여 나뭇잎을 이어 붙여 둥지를 만든다. 아즈텍 개미는 속이 빈 트럼펫 나무속에 자리를 잡고 산다. 한편 군대개미는 한 둥지에서 지내지 않고 계속 돌아다니며 유랑 생활을 한다. 개미의 종류와 서식장소에 따라 개미집과 개미의 생활양식도 달라진다.

1. 상식적으로 생각하기

🍃 제시문의 (가)와 (나)를 읽고 떠오르는 생각을 말해 봅시다.

(가)	(나)

상식적인 생각 엿보기

> – (가)에서 사람들은 환경에 따라 재료와 양식이 다양한 집을 지었다.
> – (가)에서 든 예 이외에도 환경이나 시대에 따라 인류는 다양한 문화를 만들었다.
> – (나)에 의하면 개미들도 환경에 따라 여러 종류의 집을 짓는다.
> – (나)의 글을 볼 때 개미들도 개미의 종류와 환경에 따라 생활양식이 각각 다르다.

2. 창의적으로 생각하기

🌿 제시문의 (가)와 (나)를 읽고 다양한 관점에서 생각해 봅시다.

_____

_____

_____

_____

_____

창의적인 생각 엿보기

- 문화가 인간 집단의 생활양식이라고 한다면, 개미가 다양한 집의 종류를 가지고 있는 것도 문화라고 할 수 있을까?
- 사람과 개미의 공통점은 무엇일까? 그리고 차이점은 무엇일까?
- 사람과 개미는 모두 공동체 생활을 한다. 개인 생활을 하는 동물과 공동체 생활을 하는 동물의 차이점은 무엇일까?

3. 내 생각을 논술하기

🌿 제시문의 (가) '인간'과 (나) '개미'의 공통점과 차이점을 다양한 관점에서 글로 적어 봅시다.

_____

_____

_____

_____

_____

창의성을 키우는 논술학습 (76)

다음 사진을 보고 자신의 새로운 생각을 만들어 봅시다.

(가) 눈을 관찰하는 아이들

(나) 눈이 쌓인 학교

1. 상식적으로 생각하기

제시문의 두 사진을 보고 떠오르는 생각을 말해 봅시다.

(가)	(나)

 상식적인 생각 엿보기

- (가) 아이들이 두꺼운 외투를 입고 돋보기를 들고 눈을 관찰하고 있다.
- (가) 아이들이 맨손으로 눈을 만지는 모습을 보니 손이 시릴 것 같다.
- (나) 눈 쌓인 풍경이 평화로워 보인다.
- (나) 눈 쌓인 운동장에 서 있는 나무가 겨울을 알려주듯 가지만 남아
  있다.
- (나) 소복하게 쌓인 눈 위를 뛰면서 친구들과 신나게 눈싸움을 하면
  좋겠다.

2. 창의적으로 생각하기

제시문의 두 사진을 보고 다양한 관점에서 생각해 봅시다.

_____

_____

_____

_____

창의적인 생각 엿보기

- 눈이 오면 신나는 놀이만을 생각했는데 돋보기를 들고 눈을 관찰하고 있는 모습을 보면서 눈을 활용하여 공부를 하면 재미있겠구나 하는 생각이 들었다.
- 더운 지방에 사는 사람들은 평생에 눈을 한 번 보는 것이 소원이라고 한다. 일본 북부지방 홋카이도에서는 눈이 많이 내리는 자연환경을 이용한 다양한 여행상품이 대단히 인기를 끌고 있다고 한다. 만일 내게 눈을 활용한 관광상품 만들기가 주어진다면 나는 어떤 프로그램을 만들 것인가?
- 눈으로 할 수 있는 또 다른 일들은 무엇이 있을까? 눈썰매 타기나 눈싸움 등의 평범한 놀이가 아닌 눈을 주제로 한 특별한 이벤트를 구상해 보자.

3. 내 생각을 논술하기

제시문의 사진을 보고, '눈'을 우리 생활에 이용하는 방법에 대해, 내 생각을 다양한 관점에서 글로 써 봅시다.

_____

_____

_____

_____

_____

🍃 다음 사진을 보고 자신의 새로운 생각을 만들어 봅시다.

(가) 닫힌 솔방울   (나) 열린 솔방울

1. 상식적으로 생각하기

🍃 제시문의 두 사진을 보고 떠오르는 생각을 말해 봅시다.

(가)	(나)

 상식적인 생각 엿보기

─ (가) 솔방울이 오므린 채로 있다.

─ (가) 오므린 솔방울은 크기가 작아 보인다.

─ (나) 솔방울은 활짝 열려 있다.

─ (나) 활짝 열려있는 솔방울은 크기가 커 보인다.

─ (나) 두 솔방울의 모습이 서로 다른 이유는 무엇 때문일까?

2. 창의적으로 생각하기

🌿 제시문의 (가)와 (나)의 사진을 보고 다양한 관점에서 생각해 봅시다.

_____

_____

_____

_____

 창의적인 생각 엿보기

> – 같은 그릇에 담긴 솔방울의 다른 모습이 신기하다.
> – 물에 담긴 시간의 차이에 따라 솔방울의 모양이 달라졌을 것이다.
> – 머금은 물을 서서히 증발시키는 솔방울의 성질을 이용해 천연 가습기로 활용할 수 있을까?
> – 솔방울의 물이 증발하면서 내는 은은한 솔향기를 방향제로 이용할 수 있을까?
> – 옛날 사람들은 솔방울을 겨울철 땔감으로 많이 썼다고 한다. 오늘날 우리 생활에는 솔방울을 어떻게 활용할 수 있을까?
> – 솔방울과 물을 실내 인테리어에 활용한다면 아름다움, 실용성, 향기 등의 장점을 가진 창의적인 제품을 만들 수 있을 것이다.

3. 내 생각을 논술하기

🌿 제시문의 (가)와 (나)의 사진을 보면서 솔방울의 활용에 대해 내 생각을 다양한 관점에서 글로 써 봅시다.

_____

_____

_____

_____

🍃 다음 글을 읽고 자신의 새로운 생각을 만들어 봅시다.

> 중세 유럽에서는 흑사병이 유행하여 많은 사람이 사망했다. 흑사병의 이유
> 가 수증기가 병균을 옮기기 때문이라고 생각한 유럽 의사들은 목욕을 하면 병
> 에 걸린다고 생각하였다. 사람들은 병에 걸리지 않기 위해 목욕을 하지 않았
> 고, 당시에는 악취가 곧 건강함의 상징이었다. 이런 풍조는 시간을 넘어 오래
> 도록 지속되었다. 프랑스에서 태양왕으로 불리던 루이 14세도 예외가 아니었
> 다. 특히 루이 14세는 펜싱, 춤 등 격렬한 운동을 좋아하였으나, 운동 후에도
> 옷만 갈아입을 뿐 절대로 목욕하지 않았다고 한다. 아침에도 물로 세수하는
> 대신 화장품을 얼굴에 살짝 찍어 바르는 것으로 세안을 마쳤다고 한다. 루이
> 14세는 "나에게는 겨드랑이 냄새가 난다"라는 말을 자랑처럼 했으며, 언제나
> 고약한 입 냄새가 났고, 발 냄새도 굉장히 심했다고 전해진다.

1. 상식적으로 생각하기

🍃 제시문을 읽고 떠오르는 생각을 말해 봅시다.

 상식적인 생각 엿보기

> – 어떻게 목욕을 하지 않고 살 수 있었을까?
> – 목욕을 하지 않아서 흑사병이 더 유행했을 것 같다.
> – 긴 머리와 화려한 옷차림을 하고 파티를 즐겼던 왕이나 귀족들이 목
>   욕을 하지 않았다는 것이 믿기지 않는다
> – 왕의 주변 사람들은 왕의 냄새에 어떻게 반응하였을까?

2. 창의적으로 생각하기

 제시문의 '당시 사람들의 생활방식'에 대해 다양한 관점에서 생각해 봅시다.

_____

_____

_____

_____

_____

창의적인 생각 엿보기

- 당시 사람들은 씻지 않는 대신 어떻게 몸을 관리했을까?
- 냄새를 감추기 위해 당시 사람들은 어떤 방법을 썼을까?
- 당시에는 왜 물이 병균을 옮긴다고 믿었을까?
- 여러분 주위에 목욕을 하지 않는 사람이 있다면, 여러분은 그 사람을 목욕시키기 위해 어떤 방법을 사용할 것인가?

3. 내 생각을 논술하기

 제시문의 '목욕을 하면 병이 걸린다'고 믿고 있는 루이 14세에게 다양한 이유를 들어 목욕을 하도록 설득하는 편지를 써 봅시다.

_____

_____

_____

_____

_____

📎 다음 사진을 보고 자신의 새로운 생각을 만들어 봅시다.

(가) 18세기 마차   (나) 현대의 자가용   (다) 발전하는 자동차

1. 상식적으로 생각하기

📎 제시문의 세 사진을 보고 떠오르는 생각을 말해 봅시다.

(가)	(나)	(다)

 상식적인 생각 엿보기

> – (가) 옛날에는 마차를 이용해서 사람들이 이동하였다.
> – (가) 마차는 매우 아름답고 낭만적이지만 너무 비싸서 귀족들만 탔을 것이다.
> – (나) 21세기 차는 우리들의 생활에 없어서는 안 될 필수품이다.
> – (나) 차를 타고 다니면 편리하지만, 배기가스로 인해 환경이 오염된다.
> – (다) 자동차의 디자인이 멋있다.
> – (다) 문이 위로 열리는 것이 자가용 비행기같이 보이기도 한다.
> – (다) 실용성보다는 디자인을 중시한 것 같다.

2. 창의적으로 생각하기

🌿 제시문의 세 사진을 보고 다양한 관점에서 생각해 봅시다.

_____

_____

_____

창의적인 생각 엿보기

- 마차는 왕족이나 귀족 등 사회특권층들이 주로 이용했지만, 자동차는 더 평범하고 많은 사람들이 사용한다.
- 문명이 발전하고 인류의 생활수준이 높아지면서 더 많은 사람이 편리함을 누릴 수 있게 될 것이다.
- 마차나 자동차의 디자인은 그 시대 사람들이 예술성과 창의성을 보여 준다.
- 자동차가 개인용 비행기로 진화하는 시기가 오게 될 것이다.
- 날아다니는 자동차는 편리하겠지만, 사람들의 안전은 더 위험해질 수도 있다.
- 발전하는 기계 문명을 지혜롭게 활용하는 것은 우리의 생존에 꼭 필요한 일이다.

3. 내 생각을 논술하기

🌿 제시문의 자동차의 발전 모습을 통해 기술과 디자인의 접목, 기계문명의 발전을 통해 얻을 수 있는 우리 생활의 편리함과 위험함 등을 다양한 관점에서 글로 써 봅시다.

_____

_____

_____

_____

창의성을 키우는 논술학습 (80)

🍃 다음 제시문을 읽고 자신의 새로운 생각을 만들어 봅시다.

> 인류의 미래 모습
>
> 미래의 인간이 어떤 모습을 하고 있을지는 알 수 없다. 하지만 여러 가지 변화의 가능성을 고려해서 그의 초상화를 미리 그려 볼 수는 있다. 미래 인간의 턱은 우리보다 짧고 이의 개수는 더 적을 것이다. 사랑니라고 불리는 세 번째 어금니는 지금도 사라져 가는 경향을 보이고 있다. 그것은 당연하다. 어금니는 고기 같은 것을 씹는 데 사용하는 것인데, 우리의 음식이 더 이상 씹을 필요가 없을 만큼 연해지고 있으니 말이다. 미래의 인간은 32개가 아니라 28개의 이를 갖게 될 것이다.
>
> - 베르베르 베르나르, 『상대적이고 절대적인 지식의 백과사전』

1. 상식적으로 생각하기

🍃 제시문을 읽고 떠오르는 생각을 말해 봅시다.

상식적인 생각 엿보기

- 인간은 환경에 적응하는 동물이다.
- 환경이 변화함으로써 인간의 몸도 생존에 유리하게 진화해간다는 것을 알 수 있다.
- 자주 사용하는 기관은 세대를 거듭함에 따라서 발달하고 사용하지 않는 기관은 퇴화하여 없어지게 된다는 라마르크의 '용불용설'이론을 접목해서 재미있게 쓴 글이다.

2. 창의적으로 생각하기

🌿 제시문을 읽고 다양한 관점에서 생각해 봅시다.

_____

_____

_____

_____

창의적인 생각 엿보기

- 점점 더 이를 교정하는 아이들이 늘어나는 것을 보면 인간이 점점 음식을 덜 씹게 되었다는 위 제시문과 연관이 있어 보인다.
- 지속적으로 인간의 몸이 환경에 적응해가느라 변화한다면 미래에 살아갈 인간들은 어떤 모습이 될까? 눈은 더 좋아질까, 나빠질까? 키는 더 커질까, 작아질까?
- 인간이 고도로 진화하면 텔레파시로 서로의 생각을 읽을 수 있을까? 만일 그렇게 된다면 어떤 일이 일어날까?
- 급격하게 바뀌고 있는 환경변화에 의해 우리 인간의 몸은 어떻게 진화할 것인가?

3. 내 생각을 논술하기

🌿 제시문을 읽고, 사회적 문화적 상황들을 고려하면서 미래에서 살고 있을 인간의 모습과 변화된 생활을 다양한 관점에서 글로 써 봅시다.

_____

_____

_____

_____

창의성을 키우는 논술학습 (81)

📝 다음 사진을 보고 자신의 새로운 생각을 만들어 봅시다.

(가) 과일

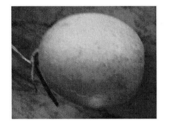

(나) 포장재로 감싼 과일

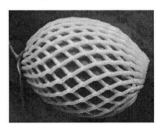

1. 상식적으로 생각하기

📝 제시문의 두 사진을 보고 떠오르는 생각을 말해 봅시다.

(가)	(나)

상식적인 생각 엿보기

- (가) 먹음직스러운 과일이 놓여 있다.
- (나) 스티로폼 포장재로 감싼 과일이 있다.
- (나) 과일을 멍들거나 상하지 않고 운반하기 위해 포장재로 감쌌다.
- (나) 스티로폼 포장재의 역사는 오래되지 않았다. 그러면 예전 사람들은 어떤 방법으로 신선한 상태의 과일을 운반하였을까?

2. 창의적으로 생각하기

🍃 제시문의 두 사진을 보고 다양한 관점에서 생각해 봅시다.

_____

_____

_____

_____

창의적인 생각 엿보기

- 과일을 싼 스티로폼 포장재를 제일 먼저 창안한 사람은 누구일까?
- 과일을 쌌던 스티로폼 포장재를 어떻게 재활용할 수 있을까?
- 스티로폼 포장재가 없다면 무엇으로 과일을 안전하게 포장할 수 있을까?
- 처음에는 몸을 상하지 않게 하고 추위와 더위를 막기 위해서 옷을 입었지만 지금 사람들에게는 옷 자체가 패션이 되었다. 과일을 싼 포장재는 단지 과일을 안전하게 옮기기 위한 것일까? 과일을 돋보이게 포장하는 방법을 생각해 보자.
- 과일의 가치를 높일 수 있는 포장지처럼 우리를 돋보이게 해주는 방법에는 어떤 것들이 있을까? 자신을 돋보이게 하기 위해 여러분은 어떤 방법으로 자신을 포장하는가?

3. 내 생각을 논술하기

🍃 과일의 포장재와 사람들의 옷에 대해 다양한 관점에서 글로 써 봅시다.

_____

_____

_____

_____

🍃 다음 사진을 보고 자신의 새로운 생각을 만들어 봅시다.

(가) 유럽의 궁전   (나) 우리나라 궁전(창덕궁)

1. 상식적으로 생각하기

🍃 제시문의 두 사진을 보고 떠오르는 생각을 말해 봅시다.

(가)	(나)

 상식적인 생각 엿보기

- (가) 석조건물이다.
- (가) 지붕의 선이 뾰족하고 바깥을 내려다 볼 수 있는 망루가 여러 개 있다.
- (가) 높은 곳에 성을 쌓아 적이나 일반인이 접근하기 어렵게 만들었다.
- (나) 처마, 문살, 높이를 달리한 계단 등 곡선이 많고 조화를 이루는 건물이다.
- (나) 기둥의 나무, 기와 등 건축자재는 한국에서 쉽게 구할 수 있는 것으로 환경적 영향을 받았다.
- (나) 단아한 아름다움이 보인다.

2. 창의적으로 생각하기

🍃 제시문의 두 사진을 보고 다양한 관점에서 생각해 봅시다.

창의적인 생각 엿보기

- 옛날 서양의 궁전은 동화책에 나오는 모습과 비슷하다. 뾰족뾰족한 지붕들과 동그랗게 올라간 계단 위 창문에서 아름다운 공주가 밖을 내다볼 것만 같다. 성으로 들어가는 입구가 하나이며 대부분 물 위나 깎아지른 절벽 위에 있어 외부의 침입을 철저히 막았다.
- 우리나라의 궁전은 넉넉한 마음의 여유를 보여주는 듯 열린 구조이다. 전체적으로 문이 많고, 한지로 도배된 문은 문살에 무늬를 넣어 아름답게 장식했으며, 건물과 건물을 이어주는 긴 회랑은 비를 맞지 않고도 이동할 수 있도록 지어졌다.
- 석조 문화와 목조문화, 폐쇄적인 구조와 개방적인 구조 등 서양과 동양의 사고 차이를 건축에서도 엿볼 수 있다. 건축자재는 환경의 영향을 많이 받았으며, 폐쇄성을 띤 대신 안전을 중시한 유럽의 성과는 달리 각각 독립된 건물을 회랑이 연결해주는 방식으로 지은 한옥은, 거주하는 사람들의 교류와 환경과의 조화를 고려했다.

3. 내 생각을 논술하기

🍃 제시문의 두 사진을 보고 〈창의적인 생각 엿보기〉를 참고하여 다양한 관점에서 글을 써 봅시다.

다음 사진을 보고 꽃 활용에 대한 자신의 생각을 다양한 방법으로 써봅시다.

(가)   (나)   (다)

1. 상식적으로 생각하기

제시문의 세 사진을 보고 떠오르는 생각을 말해 봅시다.

(가)	(나)	(다)

상식적인 생각 엿보기

- (가) 꽃을 장식한 가로등이다.
- (가) 가로등 꽃 장식은 도시를 아름답게 꾸미려고 한 것 같다.
- (나) 건물 창가에 화분을 놓아 도시가 더욱 아름다워졌다.
- (나) 꽃으로 건물을 아름답게 장식한 건물 주인의 미적 감각이 보인다.
- (다) 탁자 위에 아름다운 꽃 장식을 했다.
- (다) 지나가는 사람들이 꽃을 보면 기분이 좋아질 것 같다.

2. 창의적으로 생각하기

🍃 제시문의 세 사진을 보고 다양한 관점에서 생각해 봅시다.

_____

_____

_____

창의적인 생각 엿보기

– 꽃을 활용하여 장식한 건물이나 가로등은 참 아름답다. 창가에 꽃 장
식을 한 건물이나 꽃으로 장식된 가로등을 보면서 인간이 추구하는 아
름다움은 그 범위가 넓음을 알 수 있었다. 주변 환경의 아름다움을 위
해 노력하는 사람들이 참으로 많은 것 같다.

– 아름다운 환경은 바쁜 사람들의 마음에 여유를 갖게 할 뿐 아니라 정
신건강에도 좋은 영향을 줄 수 있다. 어디서나 꽃을 볼 수 있다면 행복
한 사람들이 많아질 것이다. 길거리를 꽃으로 장식하여 많은 사람들과
함께 꽃을 즐기고자 하는 마음은 건전한 국민성 형성에 좋은 영향을
미칠 것이다.

– 우리의 환경에 어울리게 꽃을 활용한다면 어떤 방법이 좋을까?

3. 내 생각을 논술하기

🍃 외국의 도시나 농촌에 가면 건물이나 거리를 아름답게 만드는
꽃 장식을 많이 볼 수 있다. 우리 환경에 맞는 환경미화 방법을
찾아보고 아름다움이 사람들에게 미치는 영향을 생각하여 다
양한 관점으로 글을 써 봅시다.

_____

_____

_____

다음 사진을 보고 자신의 새로운 생각을 만들어 봅시다.

(가) 암스테르담의 수상가옥(보트 집) (나) 암스테르담의 수상 버스

1. 상식적으로 생각하기

제시문의 두 사진을 보고 떠오르는 생각을 말해 봅시다.

(가)	(나)

 상식적인 생각 엿보기

- (가) 예쁜 꽃장식이 달린 배들이 강가에 있다.
- (가) 배 가장자리에 있는 화분 장식을 보니 빨리 달리는 배는 아닌 것 같다.
- (나) 강이나 수로가 많은 도시에는 버스와 같은 용도의 배가 있다.
- (나) 물 위를 달리는 보트가 있으면 따로 도로공사를 하지 않아서 도로공사를 하는 경비가 절감될 것 같다.
- (다) 물에서 달리는 배를 교통수단으로 이용한다면 보행자를 신경 쓰지 않아도 되어 편할 것 같다.

2. 창의적으로 생각하기

✍ 제시문의 두 사진을 보고 다양한 관점에서 생각해 봅시다.

_____

_____

_____

_____

_____

창의적인 생각 엿보기

- 배 위에서 살게 된다면 장점과 단점은 무엇일까?
- 배 위에서 자면 멀미가 나지 않을까?
- 보트 집에서 발생하는 쓰레기는 어떻게 해야 물을 오염시키지 않을까?
- 산이 많은 우리나라에서는 보트 집 대신 어떤 집들을 개발할 수 있을까?
- 수상버스와 자동차 버스의 다른 점은 무엇일까?

3. 내 생각을 논술하기

✍ 제시문의 (가) '보트 집'과 (나) '수상 버스' 등을 참고하여 배를 교통수단이나 운반수단이 아닌 다른 용도로 어떤 방법으로 사용할 수 있을지 상상해 보고 다양한 관점에서 글을 써 봅시다.

_____

_____

_____

_____

_____

🌿 다음 사진과 제시문을 보고 자신의 새로운 생각을 만들어 봅시다.

왕비의 촌락 쁘띠 트리아농

프랑스의 베르사유 궁전 안에는 마리 앙투아네트의 '왕비의 촌락(쁘띠 트리아농)'이 있다. 당시 프랑스에서는 화려한 파티에 식상해진 귀부인들이 전원생활을 체험하는 것이 유행이었다. 첫 딸을 출산한 마리 앙투아네트에게 그녀의 남편이었던 루이16세가 베르사유 정원 한구석에 '쁘띠 트리아농'을 지어 선물했다. 그녀는 여기에서 파티나 가면무도회를 열기도 하고 시골처럼 꾸며놓고 전원생활을 즐기기도 하면서 그간 쌓인 스트레스를 풀었다고 한다. 오스트리아의 공주였던 마리 앙투아네트는 14살의 어린 나이에 프랑스 왕실로 시집을 와서 소외와 외로움을 달래기 위해 사교에 몰두했다고 전해지는데, 1979년 일어난 프랑스 시민혁명 때 남편이었던 루이 16세와 함께 시민군에게 처형당하였다.

1. 상식적으로 생각하기

🌿 제시문의 사진과 글을 보고 떠오르는 생각을 말해 봅시다.

 상식적인 생각 엿보기

- 굉장히 소박하고 평범하게 보이는 농가이다.
- 화려하게 살았다고 알려진 왕비 마리 앙투아네트의 소박한 일면을 볼 수 있다.
- 농가의 뜰에는 채소밭이 있고 이층으로 올라가는 바깥 계단이 있다.
- 농가를 통해 당시의 서민들의 집 구조와 생활양식의 단면을 볼 수 있다.

2. 창의적으로 생각하기

🌿 제시문의 사진과 글을 보고 다양한 관점에서 생각해 봅시다.

_____

_____

_____

_____

창의적인 생각 엿보기

프랑스 혁명의 발원지가 된 마리 앙투아네트 왕비를 위해 지은 농가 '쁘
띠 트리아농'은 당시 서민들의 생활을 엿볼 수 있는 소박한 집이다. 베르
사유 궁전에는 늘 화려한 파티가 끊이지 않았고, 그런 화려함에 실증을
느낀 귀족부인들은 평민들의 소박한 삶을 경험해 보고자 야외에 작은 농
가를 마련하는 것이 유행이었다. 이에 마리 앙투아네트가 첫딸을 낳자
루이 16세는 왕비를 위해 베르사유 궁전 안에 농가를 지어 왕비에게 선
물했다. 만일 왕비가 여기에서 취미생활을 넘어서서, 채소도 기르고 소젖
도 짜면서 평민들의 어려운 생활을 이해하게 되었더라면, 프랑스의 역사
는 바뀌었을까? 왕비가 평민들의 고단한 삶을 개선하기 위해 왕에게 조
언하고 함께 노력했었다면 프랑스 혁명은 일어나지 않을 수도 있었을까?
내가 왕비였다면 어떤 노력을 할 수 있었을까?

3. 내 생각을 논술하기

🌿 제시문의 왕비의 농가 '쁘띠 트리아농'과 관련하여 내 생각을 다
양한 관점에서 글을 써 봅시다.

_____

_____

_____

_____

✒ 다음 제시문을 읽고 자신의 새로운 생각을 만들어 봅시다.

> (가) 학생들이 금강산의 경치를 보고 "와~ 아름답다!"라고 말하며, 친구들과
> 아름다움에 대하여 이야기했다.
> (나) 학생들이 금강산의 경치를 보고 '침묵'의 모습을 보이며, 할 말을 잃고 조용
> 히 아름다운 경치를 바라보았다.

1. 상식적으로 생각하기

✒ 제시문의 두 글을 읽고 떠오르는 생각을 말해 봅시다.

(가)	(나)

 상식적인 생각 엿보기

> (가)는 학생들은 금강산의 경치를 보고 '아름답다'라고 이야기했으므
> 로 금강산의 경치에 대하여 감동했을 것이다. 그러나 (나)는 학생들이
> 금강산의 경치를 보고 '아름답다'라는 말을 하지 않고 '침묵'했으므로 금
> 강산의 경치에 감동을 받지 않았을 것이다.

2. 창의적으로 생각하기

🌿 제시문의 (가)와 (나)의 글을 읽고 다양한 관점에서 생각해 봅시다.

_____

_____

_____

창의적인 생각 엿보기

우리는 대상에 대한 진정한 감동의 모습을 생각할 필요가 있다. 상식적으로 언어를 사용하여 아름다운 대상에 대한 감동을 표현할 수 있다. 그러나 자신이 대상의 아름다움에 몰입되어 언어를 잊어버릴 정도의 감동을 생각할 수 있다. 어느 쪽의 감동이 더 큰 것일까? 창의적인 관점에서는 (나)의 경우가 더 감동을 받았다고 할 수 있다. 금강산의 아름다움에 대해 큰 감동을 받았기에 '할 말을 잊어버렸'다고 보기 때문이다. 그러나 상식적으로 생각하면, (가)에 더 감동을 받은 것으로 생각할 수 있다. 그것은 우리들이 언어만이 사람의 사상이나 감정을 표현하고 전달한다는 관점만을 생각했기 때문이다. 즉 인간의 감정 표현의 수단으로 언어만을 고집할 때 금강산에 대한 감동의 깊이는 (가)에 있다고 생각하게 된다. 그러나 '언어'는 대상에 대한 감동의 차이에 의해 표현되기도 하고 표현되지 않기도 한다. 우리는 언어로 표현되지 않는 경우를 '침묵' 또는 '언어를 잃어버렸다'고 한다. 우리들이 대상에 대한 감동을 온몸으로 느꼈다면 그 감동의 깊이에 의해 무의식적으로 언어를 잃어버릴 수도 있다.

3. 내 생각을 논술하기

🌿 제시문의 (가)와 (나)에 대한 내 생각을 다양한 관점에서 글로 써 봅시다.

_____

_____

_____

🍃 다음 제시문을 읽고 자신의 새로운 생각을 만들어 봅시다.

(가) '하얀색'의 찔레꽃

(나) 백난아 〈찔레꽃〉 노래 가사

찔레꽃 붉게 피는 남쪽나라 내 고향/언덕위에 초가삼간 그립습니다./자주고름 입에 물고 눈물에 젖어/이별가를 불러주던/못 잊을 사람아.
(후에 붉은색의 찔레꽃도 나왔지만 대부분의 하얀색의 찔레꽃이 많다.)

1. 상식적으로 생각하기

🍃 제시문의 (가) '하얀 찔레꽃'과 (나) 밑줄 친 '가사 내용'을 보고 떠오르는 생각을 말해 봅시다.

(가)	(나)

 상식적인 생각 엿보기

(가)의 찔레꽃이 '하얀색'으로 되어있지만 (나)의 밑줄 친 찔레꽃에는 '붉은색'으로 제시돼 있다. 이것을 상식적으로 판단한다면 (가)의 하얀 찔레꽃과 (나)의 붉은 찔레꽃의 노래 가사가 맞지 않는다.

2. 창의적으로 생각하기

🍃 제시문의 (가) '하얀 찔레꽃'과 (나) 밑줄 친 '붉은 찔레꽃'을 보고 다양한 관점에서 생각해 봅시다.

_____

_____

_____

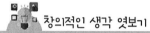
창의적인 생각 엿보기

  창의적으로 접근할 때 (가)의 '하얀색'의 찔레꽃과 (나)의 '붉은색'의 찔레꽃의 가사는 일치할 수도 있다. 대상에 대한 하나의 관점 아닌 다양한 관점에서 접근하기 때문이다. 즉 (가)의 '하얀색'의 찔레꽃을 해가 지는 저녁에 바라보았을 때의 이별의 상황을 만들면 어떨까? 찔레꽃의 하얀색에 석양이 겹쳐지면서 찔레꽃이 불그스름하게 보일 때 임에 대한 그리움이 더 애잔할 것이다. 그 사례로 대부분 시에서는 이별의 눈물을 피눈물을 상징하는 붉은색으로 표현한다. 이렇게 이별을 통한 비극적인 아름다움의 가치를 창조하려면 창의적으로 접근해야 한다. 만약 '하얀색'의 실제 찔레꽃과 (나)의 '붉은색'의 찔레꽃의 가사를 보고 서로 맞지 않는다든가, 또는 아름다움만을 느꼈다면 그것은 상식적 사고에 해당한다.

3. 내 생각을 논술하기

🍃 제시문의 (가) '하얀 찔레꽃'과 (나) 밑줄 친 '붉은 찔레꽃'과 관련지은 내 생각을 다양한 관점에서 글로 써 봅시다.

_____

_____

_____

_____

창의성을 키우는 논술학습 (88)

🍃 다음 제시문을 보고 자신의 새로운 생각을 만들어 봅시다.

몽당연필

우리는 몽당연필을 무조건 '짧은 연필'이라고 확정하여 말한다.

1. 상식적으로 생각하기

🍃 제시문의 그림과 내용을 보고 떠오르는 생각을 말해 봅시다.

 상식적인 생각 엿보기

제시문의 사진 속의 연필은 누구나 '짧다'고 말한다. 그것을 몽당연필이라고 부르기도 한다. 그 누구도 이 '짧다'는 말에 이의를 제기하지 않는다. 그런 점에서 '길다'도 마찬가지다. 우리들이 상식적인 차원에서 대상에 대해 '길다'는 생각이 들 때 길게 느껴지고, '짧다'는 것은 짧게 느껴질 때 '짧다'고 한다. 그런 사고를 확정하여 절대적인 측면에서 말하는 데에 있다.

2. 창의적으로 생각하기

🌿 제시문의 그림과 내용을 보고 다양한 관점에서 생각해 봅시다.

_____

_____

_____

창의적인 생각 엿보기

제시문의 몽당연필을 짧다고 생각하는 것은 상식적이다. 그러나 창의적인 관점에서는 제시문의 몽당연필을 '짧은 것 같지만 짧다고 확정하여 말할 수 없다'고 말해야 한다. 몽당연필의 길이를 파악할 수 있는 기준이 다를 때 생기는 한계를 보완할 수 있기 때문이다. 우리들이 일상의 사례로, '키가 크고 키가 작다'고 생각하는 것도 마찬가지이다. 몇 센티미터 이하를 작다고 하고 그 이상을 크다고 하는 근거는 없는 것이다. 자신의 키보다 큰 사람을 기준으로 하면 상대적으로 내가 작은 키가 되고, 나보다 작은 사람을 기준으로 하면 나는 큰 사람이 되기 때문이다. 이런 관점으로 대상의 본질을 파악하는 것이 창의적인 관점이다. 그런 점에서 '길다와 짧다', '많다와 적다', '잘 생겼다와 못 생겼다' 등의 흑백논리는 잘못된 것이다. 우리 주변에서 보는 부자富者는 부자富者가 아닐 수도 있고, 빈자貧者는 빈자貧者가 아닐 수도 있다는 창의적인 생각이 중요하다.

3. 내 생각을 논술하기

🌿 제시문의 '몽당연필'에 대한 내 생각을 다양한 관점에서 글로 써 봅시다.

_____

_____

_____

_____

🌿 다음 제시문을 보고 자신의 새로운 생각을 만들어 봅시다.

<table>
<tr><td>(가) 본래 모습의 풍산개</td><td>(나) 선글라스를 낀 풍산개</td></tr>
<tr><td></td><td></td></tr>
</table>

1. 상식적으로 생각하기

🌿 제시문 (가)와 (나)의 풍산개를 보고 떠오르는 생각을 말해 봅시다.

(가)	(나)

 상식적인 생각 엿보기

> 개는 사람과 친숙한 동물이다. 그러다보니 사람에게 필요한 도구를 개에게 부착시키기도 한다. 특히 어떤 사람은 개에 사람이 쓰는 선글라스를 씌우기도 한다. 이를 두고 동물 학대라고 비판하는 사람도 있지만 어떤 사람은 호기심을 가지고 재미있게 생각하기도 한다. 그렇다면 (나)처럼 선글라스를 씌울 때 풍산개는 불편해 할 것인가? 상식적으로는 선글라스를 끼우지 않은 개가 자연스러울 것이다.

2. 창의적으로 생각하기

✏️ 제시문 (가)와 (나)의 풍산개를 보고 다양한 관점에서 생각해 봅시다.

_____

_____

_____

💡🔲 창의적인 생각 엿보기

> 개의 눈이 색맹이기에 선글라스를 씌워도 불편한 점이 없다. 오히려 풍산개만의 개성을 표출할 수도 있고, 햇볕이 따가운 여름에는 선글라스를 쓴 개의 눈이 피로하지 않을 것이다. 우리는 막연하게 눈에 보이는 현실만을 보고 판단하는 경향이 있다. 물론 개에 선글라스를 끼우지 않는 것이 본래의 습성이기에 편리할 것이다. 그런 관점이라면 인간도 오늘날에 원시인의 모습으로 사는 것이 편리하다는 생각과 같지 않을까? 인간은 과학의 발달로 생활에서 많은 편리함을 누리고 있다. 즉 사람이 여름에 쓰는 선글라스도 삶의 편리함을 위해서 필요했던 것이다. 개에게도 인간과 같은 두뇌를 가지고 있다면 개의 삶의 편리함을 위한 기구를 개발했을 것이다. 창의적인 관점은 눈에 보이는 현상만을 가지고 판단할 수 없다. 그 대상이 지닌 본질을 파악하여 판단할 때 창의성은 발휘되기 때문이다.

3. 내 생각을 논술하기

✏️ 제시문 (가)와 (나)의 풍산개에 대한 내 생각을 다양한 관점에서 글로 써 봅시다.

_____

_____

_____

창의성을 키우는 논술학습 (90)

📔 다음 제시문을 읽고 자신의 새로운 생각을 만들어 봅시다.

> 송나라 때 저공狙公이라는 사람이 있었는데, 원숭이를 사랑하여 이를 길러 여러 마리가 되었다. 그러기 때문에 저공이 능히 원숭이의 뜻을 알고 원숭이도 또한 저공의 마음을 알았다. 저공이 집안 식구들의 먹을 것을 줄여서 원숭이의 배를 채워 주더니 마침 먹을 것이 떨어졌다. 앞으로 그 먹이를 줄이고자 하나 여러 원숭이가 앞으로 말을 잘 듣지 않을 것을 두려워하여, 먼저 이를 속이어 말했다. "너희들에게 먹이를 주되 아침에 세 개를 주고 저녁에 네 개를 주겠으니 좋으냐?"라고 말했다. 그러자 여러 원숭이가 다 일어나서 화를 냈다. 저공이 다시 말하기를 "너희들에게 먹이를 아침에 네 개를 주고 저녁에 세 개를 주겠으니 좋으냐?"하니 여러 원숭이가 다 엎드려 절하고 기뻐했다.
>
> 윗글은 '아침에 세 개, 저녁에 네 개'라는 뜻의 조삼모사朝三暮四에 관한 이야기로, 원숭이들이 당장 눈앞에 나타나는 차별만을 알고 그 결과가 같음을 모르는 어리석음을 비판하고 있다.

1. 상식적으로 생각하기

📔 제시문의 글과 밑줄 친 내용을 보고 떠오르는 생각을 말해 봅시다.

 상식적인 생각 엿보기

> 조삼모사朝三暮四의 고사로, 아침에 세 개, 저녁에 네 개라는 뜻이다. 원숭이가 아침에 도토리 세 개, 저녁에 네 개를 먹으나 아침에 네 개, 저녁에 세 개를 먹으나 먹는 도토리 합의 결과는 마찬가지라는 것이다. 이런 상황에서 원숭이들이 화를 낼 이유가 없는데 화를 냈다는 점에서는 조삼모사라는 고사를 '당장 눈앞에 나타나는 차별만을 알고 그 결과가 같음의 모름을 비유하는 말'로 볼 수도 있다.

2. 창의적으로 생각하기

🍃 제시문의 글과 밑줄 친 내용을 읽고 다양한 관점에서 생각해 봅시다.

_____

_____

_____

창의적인 생각 엿보기

조삼모사를 창의적 관점에서 접근하면 원숭이들의 지혜로운 행동으로 볼 수 있다. 원숭이들이 저녁에 네 개를 받을 도토리를 아침에 미리 네 개를 받아서 한 개를 저녁때까지 다른 원숭이에게 빌려주고 원금과 이자를 받는 등의 경제활동을 할 수 있기 때문이다. 즉 조삼모사의 뜻인 '당장 눈앞에 나타나는 차별만을 알고 그 결과가 같음의 모름을 비유하는 말'이 아닌 '당장 눈앞에 나타나는 현상에 그 결과가 달라짐'의 내용으로 볼 수 있다. 그 사례로 우리들의 경제활동 중에는 '이자놀이'라는 것이 있다. 돈을 어느 기간 동안 빌려주고 원금과 이자를 받는 것이다. 여기서 돈을 빌려준 사람에게는 '이자'라는 이윤이 발생한다. 그런 관점에서 조삼모사에 대해 원숭이들이 '아침부터 저녁까지 도토리를 빌려주고 이자를 받을 생각으로 좋아했다'고 생각하면 어떨까? 아마도 경제활동을 통해 삶의 가치를 높이는 지혜로운 원숭이들이 될 것이다.

3. 내 생각을 논술하기

🍃 제시문의 글과 밑줄 친 내용에 대한 내 생각을 다양한 관점에서 글로 써 봅시다.

_____

_____

_____

📗 다음 제시문을 읽고 자신의 새로운 생각을 만들어 봅시다.

(가)	(나)
$1+1=2$	$1+1=1,2,3...$

1. 상식적으로 생각하기

📗 제시문 (가)와 (나)를 보고 떠오르는 생각을 말해 봅시다.

(가)	(나)

 상식적인 생각 엿보기

- (가)는 일상의 삶에서 꼭 필요한 진리이다. 그러나 (나)는 일상적 삶에서 적용할 수 없는 것이다.
- (가)는 학교의 수업에서 활용할 수 있는 공식이다. 그러나 (나)는 학교의 수업에서 활용하면 계산이 틀리는 것이다.
- (가)는 수학을 잘하기 위한 기본 공식이다. 그러나 (나)는 수학의 공식을 모르는 학생들이 보이는 것이다.

2. 창의적으로 생각하기

🍃 제시문의 (가)와 (나)를 보고 다양한 관점에서 생각해 봅시다.

_____

_____

_____

 창의적인 생각 엿보기

> (가)는 정확한 산술적인 생각이 요구되는 삶의 일부에서만 진리가 된다. 그러나 (가)의 경우를 다른 대상이나 상황으로 조건을 확대한다면 어떨까? 결과가 다를 수 있다. 즉 '물과 물'을 합치면 두 개가 아닌 하나가 된다. 마찬가지로 '남한과 북한'이 통일되면 나라가 하나가 된다. 또한 남녀가 결혼(1+1)하여 아이를 낳으면 (3)이 된다. 나아가 사람을 대상으로 수식인 '3-1.5=1.5'를 적용할 수도 없다. 그런 점에서 (가)는 삶의 일부 조건에서만 해당된다. 그러나 (나)는 다양성을 통해 창의적인 사고방식을 보인다. 그런 점에서 (가)는 창의적인 사고를 제한할 수 있다. 즉 (가)는 '1'과 '1'이 같은 조건에서만 성립한다. 그러나 오늘날은 '1+1=2'는 '1'과 '1'이 각기 다른 조건에서 이루어지는 경우도 많다. '그릇+소갈비=갈비탕'의 경우가 그렇다. 우리들은 '그릇'만으로, 또는 '소갈비'만으로 독립시켜 식사를 할 수 없다. 그릇과 소갈비를 합친 '갈비탕'을 먹는 것이다. 오늘날 통섭·융합의 시대가 되는 이유다.

3. 내 생각을 논술하기

🍃 제시문 (가)와 (나)에 대한 내 생각을 다양한 관점에서 글로 써 봅시다.

_____

_____

_____